Georg Brunold

SANDROSEN

Orientalische Reportagen

Rowohlt

1. Auflage April 1987

Umschlaggestaltung Klaus Detjen
Foto des Autors: Katri Burri
Satz Janson (Linotron 202)
Gesamtherstellung Clausen & Bosse, Leck
Printed in Germany
ISBN 3 498 00514 6

Inhalt

Für Barbara und Mauro
Für Abdallah und Fatima
Und für Bahr

Zum Geleit

Fatimas Zahn hat seit drei Wochen schrecklich geeitert. Jetzt wackelt er endlich so, daß er sich herausreißen läßt. Ihre Mutter setzt ihr den Hermel auf, und Fatima zieht seine Dämpfe tief in die Lungen. Sie sieht jetzt die Welt etwas abgerückt, verniedlicht und einer Portion ihres häßlichen Ernstes beraubt. An der Seite ihrer Mutter und ihres Bruders einherhüpfend, fast tanzend, ist sie auf dem Wege zum Friseur. Der hat alte Zangen. Um 30 Dirham, fünf Taglöhne ihres Bruders, und um einen weiteren Zahn ärmer, fällt Fatima auf den harten Diwan, die leinenbezogene Planke zu Hause, die sie nachts mit ihren zwei kleinsten Brüdern teilt.

Die Dunkelheit ist hereingebrochen. Drei oder vier Jahre hat Fatimas Familie keine Stromrechnung bezahlt. Anschlüsse gäbe es in ihrem kleinen Haus, auch ein Klo mit Abfluß. Denn das kleine Haus ist eines der wenigen aus der Zeit, als Lalla Ummi noch ein Bauerndorf außerhalb von Fes war, bevor es von den wuchernden Vorstadtslums verschluckt wurde. Jetzt speist sich die einzige Lichtquelle in Fatimas Haus billiger. Nur ein 80 Meter langes Kabel mußte her, das jetzt vom Fernseher um etliche Ecken zwei Gassen weiter ins Haus der Tante Maryam und darin in eine Steckdose führt. Auf der Erde vor dem Bildschirm löst Fatimas Schwester Abend für Abend ihre Hausaufgaben, heute Physik, Elektrodynamik. Sie ist in der vorletzten Klasse des Gymnasiums. Über ihren Kopf hinweg träumen die übrigen elf der Familie in den Kasten, schon bald die tausendundzweite Nacht. Nur Fatima, das Häufchen Elend, liegt immer noch auf dem Diwan und stiert zur Decke. Vielleicht wird Tante Maryam noch einmal helfen. Fatima ist, neben dem kleinen Rachid, ihr Liebling. Tante Maryam sagte, sie wolle heute abend noch kommen. Vielleicht gehen sie dann morgen früh, wenn die Spitzen des Tags an den Fenstern des Ostens sich zeigen, zusammen die acht Kilometer zur Medina. Vielleicht bringen sie dem Silberschmied eines von Tante Maryams Festgehängen, jenes ganz alte, das verbliebene Stück aus der Morgengabe von Tante Maryams Mutter, die Barmherzigkeit Gottes sei über ihr. Der Kunstschmied macht dann für Fatima aus dem Gehänge fünf neue Zähne und spannt sie ihr an den rechten Oberkiefer, wo sie mit 21 Jahren außer der Schaufel schon keine mehr hat. Wieviel von dem Silber würde er für seine Arbeit behalten wollen? Wenn Tante Maryam jetzt doch nur endlich käme!

Fatima sagte, ja, sie wolle in das Buch, «wenn...», sagte sie, «wenn das Buch wahr ist».

«Wahr? – Manchmal müßt ihr ein Bild von euch haben und geht zum Fotografen. Dann sammelt ihr euch aus den Kleidern aller sechs Schwestern das Beste zu einem Kostüm zusammen und rennt eine Woche bei allen Cousinen nach Broschen, Bändern, Ketten und Ringen herum. Ihr frisiert euch zwei Tage lang und streicht euch zuletzt noch zwei Finger dick Farbe auf. Ihr wollt ja dann doch eher ein schönes Bild als ein wahres?»

«Wir wollen nicht arm sein. Arm sein ist häßlich. Wir wollen kein häßliches Bild.»

«Und dann ist es egal, wenn das schöne Bild … Ich meine, ist dieses schöne Bild dann auch wahr?»

«Ist es nicht recht und gut, wenn wir nicht arm sein wollen? Wenn wir das tun dagegen, was wir können? Ist das nicht recht? Ist das falsch?»

«Und, Fatima, von deinen Zähnen, vom Friseur und vom Schmied darf ich auch schreiben?»

«Was?! Von meinen Zähnen …?! Warum … Das willst du?! Und … und die Buchfabrik bei euch will das im Buch haben? Bist du sicher? Aber ich muß das sofort Tante Maryam erzählen, daß das ins Buch kommt. Dann gibt sie mir ihr Gehänge sicher.»

Wenn Fatima morgen beim Schmied ist, wird man mir auf dem Hauptpostamt den Brief mit der Bestätigung überreichen, daß mir die Versicherung mein gestohlenes Radio ersetzt und daß ich in wenigen Tagen wieder morgens und abends alle die Nachrichten aus der Welt des Lesers dieses kleinen Buchs hören würde.

Zur Zeit des Kalifen Abu Bakr trug sich in Arabien ein berühmter Rechtshandel zu. Zwei Sklaven stahlen das Kamel eines fremden Herrn und verkauften es. Doch die Natur ihres Geschäfts wurde erkannt, und man brachte die beiden vor den Kalifen. Der Kalif aber ließ zuerst Nachforschungen anstellen über den Herrn der beiden Sklaven und über ihre Lebensumstände. Es kam ihm zu Ohren, daß sie von ihrem Herrn miserabel gehalten, nicht einmal ausreichend verköstigt wurden. Und siehe da, das Urteil des Kalifen, es entschied: Der Besitzer des Kamels erhält seine Entschädigung vom Herrn der beiden Sklaven. Diese werden ihrem Herrn weggenommen, einem besseren anvertraut, und sie bleiben straffrei.

Das heilige Buch, der Qur'an, weiß es und sagt es, daß sein Recht nur gerecht sein, daß sein Gesetz nur gelten und seinen Geist verwirklichen kann in einer Gesellschaft, die das Elend und die lebensbedrohende Armut überwunden hat, die zur Delinquenz niemanden zwingt. Der Mann aber, der unlängst an einer arabischen Universität im Verlauf einer Rede diese Geschichte vom Kalifen Abu Bakr seinen Zuhörern ins Gedächtnis zurückrief, fand sich unverzüglich im Gefängnis.

Im reichsten Land der Alten Welt, in der Schweiz, mußten die Tessiner Bergbauern noch bis zur letzten Jahrhundertwende immer wieder ihre Knaben als Feger in Mailands Kamine und in die fast sichere Tuberkulose verkaufen. Fast jeder Schweizer liest heute die Geschichte der «Schwarzen Brüder», die noch unsere Großväter sein könnten, in der Schule. Reisen vervollständigen diese Bildung. Sie bereichern diese Bildung um soviel mehr, als sie unsere Hosen verbeulen. Die Bewegung im Raum bringt vor unsere Augen, was aus entfernten Zeiten nur in unsere Ohren dringen kann. Was wir erst lasen, sehen wir jetzt: Es geht uns nicht schlecht. Es geht uns besser. Es geht uns nicht schlecht: dank dem Kontrast. Dank dem Kontrast: dank dem Vergleich. Der Vergleich ist unser Vergleich, und er hat sich seit alters pointierter Ausdrücke bedient. ‹Barbar› ist die Wurzel eines Verbs, das schon in dunkelster Vergangenheit im arabischen wie im griechischen Wortschatz zu finden war. Es bezeichnete – äquivalent zu unserem ‹welsch› – ursprünglich lautmalerisch jenen, der so sprach – «barbar barbar» –, daß man ihn nicht verstehen konnte. Kraft einer stillschweigenden morgen- und abendländischen Übereinkunft hieß das ursprünglich nicht arabische Nordafrika zweitausend Jahre lang die Barbarei. Die Kabylen, die Tuareg, die Zanatah usf. waren die Barbaren. Bis ins vorige Jahrhundert. Unterdessen hat eine eifrige Verallgemeinerung das Wort ‹Barbar› als Name untauglich gemacht. Auch der Mohr ist schon länger nicht mehr als Maure kenntlich. Darum ist der Maure heute wieder ein Maure, während der Barbar ein Berber geworden ist.

Haben wir, um den Preis dieser Etiketten, einen offeneren Blick, eine neue Sicht gewonnen? Was entdecken wir im Süden von den subtilsten Künsten des geringsten Übels, des gangbaren Etwas-für-jeden? Was sehen wir von der großartigen Virtuosität des Bestmöglichen im Alltag einer Welt, deren Fortschritt die Herrschenden, autorisiert von den Kolonialherren, immer hintertrieben?

Der Leser lebt in einer Welt, wo die Menschen gut leben, viel besser leben, als sie sind. Die Welt ihres guten Lebens ist eine Welt des Erfolgs. Dieses Buch berichtet aus einer Welt, wo die Menschen sehr schlecht, viele im Elend leben, aber besser sind, als sie leben. Ihre Welt ist eine Welt der Würde. Rechtlosigkeit ist nicht Ehrlosigkeit. Kein Orientale wäre je auf einen solchen Gedanken gekommen. Jener Mann im Gefängnis sitzt dort, weil Abu Bakr noch lebt. Und weil er nicht verstummt.

Er lebt nicht in einer Welt uralter entschwundener Zeiten. Seine Welt ist ebensowenig die entrückte Welt einer so zauberhaften, doch leider leprabefallenen Südsee, und die

Kunde aus ihr dringt auch nicht aus Afrikas schwärzesten Tiefen. Sie grenzt unmittelbar an Europa, ist unsere zeitgenössische Nachbarwelt. Seit vielen Jahrhunderten ist Europa in ihr ein und aus gegangen. Wir kennen ihre Menschen immer noch viel schlechter als sie uns.

Wir hören täglich von ihr. Aus dem Fernseher und aus dem Radio, aus der Zeitung hören wir von ihr. Hier eine Bombe, dort drei, wir hören den Hall in den Medien: die News. Auch die folgenden wahren Geschichten sind Stücke journalistischer Arbeit. In der Welt der zeitgenössischen Medien bleibt dem Auge und dem Ohr nur mehr wenig Zeit; dem Bücherleser vielleicht etwas mehr und heute wohl soviel mehr, als ein Buch kurz ist.

Al Qibla - Die Richtung

So riecht der späte Sommer. Satt und schweißig hat er sich aus der uralten Erde gehoben und das Land unter sich begraben. Die Fliegen schlafen den ganzen Tag. Der Flußdampferkonvoi löst träg einen Schwaden aus der fauligen Süße über Aswan und schiebt ihn behutsam mit sich aus der Bucht auf seinen endlosen Zickzack nach Süden, 300 Kilometer über den untiefen See dem Sudan entgegen. Die Uferläufe verlieren sich in die unermeßlichen Reichtümer, mit denen die reine Form ihr Zauberspiel treibt. Das Tal wird zum Meißelrelief, seine Hitze wird anorganisch, die Luft wieder dünn, schwerelos flimmernd. Der Atem täuscht sich nicht über die Art der feisten Kost: Von Alexandrien die

1200 Kilometer hinauf nach Aswan unter den Hochdamm des Nils sind die Lungen schwer von der schimmligen Ausdünstung der Welt selbst; hier sind die Düfte Frachtgut geworden, und so wie in der Kälte der künstlichen Helle das Neon, so wie im Harten der Heizwärme immer der unberührbare Körper des Ofens fühlbar ist, so liegt jetzt im scharfen Geruch sein Erreger, die Quelle: die Fuhr als großer stinkender Leib. Was fortan die Nase und durch sie Hirn und Gemüt berückt, sind nicht mehr die drückenden Elemente, wie Gott sie Ägypten beschied. Unzweifelhaft ist es der Konvoi, der gemächlich durch die geruchlose Wüste treibt.

«Wann kommen wir an?» – «Morgen.» Ganz ohne Absicht bin ich durch eines der ausgefransten Löcher im Holzfaserdach mitten in den Kreis der jungen Kameltreiber aus Kordofan geraten. Ich komme vom Tee, von der Bude auf dem mittleren der drei längs zusammengetauten Steamer. Man überlegt zweimal, sich zwischen den Kopf an Schulter, Rücken an Rücken gelagerten Leibern übers Passagierdeck voranzuwühlen. Unten, eine Handbreite über dem Seespiegel, blöken zwischen getürmten Ballen und Säcken die Schafe und reiben sich an den unzähligen Benzinkanistern Fesseln und Knie wund. Die Stiegen sind unter Kisten verbarrikadiert, hinab und hoch gelangt man nur außen, entlang den Verstrebungen, und nur oben, auf den elastischen Platten des Dachs, kommt man merklich vom Fleck. Man hat sich durch jene Löcher emporgezogen, die wenig zuvor ein anderer im Sprung von Kahndach zu Kahndach gerissen hat. Verletzt hat sich im Durchbruch keiner ernstlich, auch keiner unten beim Empfang des zudringlichen Besuchs.

Ankunft in Wadi Halfa, dem nördlichen Tor zum Sudan, also morgen, hat Adam ohne Zögern versichert. Er reicht

den Schlauch der Shisha, der selbstgebastelten Wasserpfeife, dem Bruder weiter, und alles läßt ahnen, daß er morgen den Rauch wieder rausbläst. Wenn nicht zuvor, gereizt durch den feinen Funkenwurf, unversehens ein Flämmchen nach dem unfernen Kanister züngelt. Sonst ist er tatsächlich, wie er sagt, bald zu Hause, denn sein Hinweg mit der Herde zum großen Kamelmarkt in Kairo hat zwischen 45 und 55 Tagen gedauert. 2000 Tiere wechseln da immer am Freitag die Hand, doch trotzdem hat er drei Wochen auf den Abschluß der Verkäufe warten müssen.
Die Sudanese Nile Shipping Corporation SNSC hat eine Dependance in einem Kairoer Altstadtgäßchen. Tickets gibt es keine zu kaufen, doch hängt ein Fahrplan dort und nährt einschlägige Gerüchte. Zweimal Aswan ab jede Woche, das trifft oft zu. Montag und Donnerstag, da ist beides nicht ausgeschlossen, und Ankunftszeiten: jede Stunde hat mindestens soviel Chancen wie jede andere, zweifellos. Heute ist der Verbund der drei britischen Konstruktionen aus dem letzten Jahrhundert noch keine 200 Meter nach Ablegen an einem der vielen kleinen Inselchen der Bucht hinter der östlichen Verankerung des Hochdamms festgelaufen. Erst nach drei Stunden hat ihn die eine Maschine im mittleren Kahn wieder aus dem Schlamm befreit. Der Mond ist diese Woche fast leer, und darum gehen wir, kaum auf dem See, schon bei Einbruch der Dunkelheit unverzögert auf der nächsten Uferbank wieder vor Anker.
Morgen? Um vier in der Frühe stellt's mich abrupt aus dem Schlaf auf die Beine, verstört und leicht taumelnd. Morgengebet – hektisch wird Raum freigemacht, die beflissenen Helfer des selbsternannten Vorbeters an Bord schaffen bereits meine Matte beiseite. Stunden werden verstreichen, ehe die Maschine in Gang ist. Immerhin läßt diesmal die Pumpe die Klos nicht im Stich. Die Finsternis hat ihnen

zugesetzt, doch erstaunlich rasch sind sie wieder betretbar. Das Wasser hat die blinden Ablagerungen der Nacht tatsächlich mit sich in den See zurückgebracht und nur wenig in die Sandalen der andrängenden Kundschaft der SNSC. Da ist auch bereits die wildeste Debatte vom Zaun gebrochen. Die zwölf Bordklos bilden ein Hufeisen von drei Viererreihen. Welche vier sind es, in die man sich nur in die Qibla, die Richtung der Richtungen, die verbotene Richtung aufs heilige Mekka, entleeren könnte?! Im auf- und niederbrandenden Stimmengewirr hat die heikle Frage keine Aussicht auf Klärung. Doch zu ihrer Zeit fällt die Entscheidung, weil sie muß. Zwischen 800 und 1000 Passagiere peinigt der morgendliche Drang. Das Dutzend der Europäer an Bord und die paar Dutzend christlichen oder animistischen Schwarzafrikaner zirkulieren flüssig durch die vier inkriminierten Toiletten. Rasch sind diese ganz unbenützt. Vor den übrigen acht drängen sich Stunden die vielhundert Muslime. Nicht einen zwingt die Blase zur Erleichterung in die Qibla, in Richtung Mekka, ob nun Gewißheit herrscht, wo es liegt, oder nicht. Schief zur Qibla gebetet zu haben soeben, das hätte göttliche Nachsicht gefunden. Gebetet haben überhaupt nicht sehr viele. Doch in die Qibla zu ...

Wenig geschieht heute. Majestätisch bewegt sich die Zeit, bis sie der Sonne langsam zu sinken gestattet. Auf zwei Dritteln des Wegs von Aswan nach Wadi Halfa sollte der Konvoi gemessen den jenseitsgerichteten Blick der Pharaonenkolosse von Abu Simbel durchkreuzen. Doch über den fernen Horizont ragt weiterhin nichts. Ich sage Adam guten Abend. «Wann, sagtest du, sind wir in Wadi Halfa?» – «Morgen, hab's dir schon gestern gesagt – morgen, inshallah!» Es ist wieder nicht meine Frage, die er beantwortet hat.

Morgen? Das ist nun schon wieder heute – und der Tag hebt an mit einem aufgeregten Disput. Vor den Klos... um die Qibla...

Mir schwindelt. Träum ich von gestern? Sind von den Spektakeln nicht jene die unerhörten, die für allemal Wiederholung ganz unbedingt ausschließen? Wir haben an der Unwiederbringlichkeit des Einmaligen lange genug zu verdauen gehabt. Wir haben uns durch die Werte der Einmaligkeit entschädigt, nicht um uns zuletzt auch um sie prellen zu lassen. Die Lider sind zu schwer, ich kann dem Traum nicht entklimmen. Das kann nicht ein anderer Tag sein.

Kein Zweifel: Der Tag muß von dem anderen verschieden sein, wenn der Disput um die Qibla der gleiche ist. Der Unterschied ist nur mir entgangen: Da ist gar keiner, doch seit gestern haben wir uns bewegt. Der Konvoi hat zigmal die Richtung gewechselt. Und wer sich bewegt, hat täglich Gott wiederzufinden. Denn – man lehrt es mich jetzt – mit Gott selbst lebt man hier, nicht einem Glauben. Mit Gott, und Gott – das ist Islam –, Gott ist Alltag. So sei das, weil Gott Gott des Friedens sei. Ich hatte ja doch gewußt, daß Salam Frieden heißt, daß Islam schlicht das Eingehen in den Salam und Muslim der in ihn Eingehende heißt. Von Gott ist der Frieden, seit Gott offenbar ist. Daß der Frieden Sache von Sonntagen sein könnte, auf diese Idee war der Muslim nie verfallen. Stets hielt er ja auch dafür, der christliche Glaube sei keiner oder aber einfach ein Glaube und deshalb wiederum eigentlich keiner. Die Christen – der Muslim verstand sie nie recht, aber klar, er wußte, die würden am dritten Tag wieder wie alle Tage blöde die wartenden Schlangen neben den leeren vier Bordklos beglotzen. Was aber taten sie sonst? Solange sie sind, was er sie tun sieht, sind sie bestimmt nicht mit Gott. Gott tat in Mekka dem Gläubigen auch die Qibla kund, damit er sich bei der Gelegenheit in sie, bei anderer Gelegenheit aber aus ihr wende. Ist Glaube wirklich, dann ist er Leben, und ist Glaube Leben, dann ist er Gehorsam. Der Gläubige, hat er vernommen, gehorcht, und er tut. Daß Gottes Frieden über ihn – und seinen Alltag! – komme.

Mich hat doch auch nie gewundert, daß in Ägypten die Bahnhöfe, wenn auch nicht immer Wartesäle, so doch immer Betsäle haben. Und wenn auch im modernen Ägypten der Zug außer dem Schicksal den Fahrplan als höchste Autorität über sich haben soll, es wunderte mich nicht, wenn er im alternden Sudan – war er auch eben erst aus dem Bahnhof gefahren – bei Einbruch der Dämmerung hielt zu drei viertel Stunden Abendgebet. Wenn an der Tankstelle der Stoff, in ganz feinen Strählchen durch die spröden rissigen Schläuche sprühend, um kaum eine Spanne die glimmende Kippe im Mund des nachfüllenden Tankwarts verpaßt, dann weiß Gott, wo er was hochfliegen läßt, und ich lebe wie die übrigen fünf rauchenden Taxiinsassen mit ihm. Gern fügte ich mich oft auch den Regeln, betrat nie ohne Geheiß eine Moschee, fotografierte nie ohne Erlaubnis Muslime. Ich hätte mich kaum in Saudi-Arabien ans Steuer gesetzt. Der Qur'an fordert Blutgeld nicht nur auch für unbeabsichtigte Tote, sondern für jeden, auch für den ganz unverschuldeten, wäre er nur ohne deine fragliche Präsenz noch am Leben – ein Mensch oder ein Esel.

Jetzt ist mein Blick das erste Mal in die Qibla, die heilige Richtung gefallen und eine Weile steckengeblieben, ehe mein Stupor sich löst. Ein neuer kräftiger Ton klingt in der Glosse von dem Gebetsteppich mit Kompaß. Das Patent der Patente war das im Orient und – unfaßbar! – erst ein paar Jahre jung. Ich war nicht der Erfinder, dabei hatten wir in der Schulbank damals Kompasse sogar auf den Bleistiftspitzern. In der Qibla weiß der Muslim sein Zentrum dieser irdischen Welt. Ihm wendet er sich – wie verfügt – zu oder ab, gestern, heute und morgen, gestern, heute und morgen. Morgen? Auch morgen stehen die Schlangen, ehe wir morgen aber in Wadi Halfa sind. «Mit Frieden!» verabschiedet sich Adam; «siehst du? – ich sagte dir morgen!»

Masmak? - Wer bist du?

«Wie heißt du?» habe ich Adam gefragt. Er heiße Adam, hat Adam gesagt. Doch die Frage ist nicht immer so harmlos, und nicht immer erledigt sie sich so einfach mit Adams Antwort. Adam kennt die Frage, die bestimmte Forderung nach dieser kurzen knappen Antwort, und er kennt bedrohliche Lagen, wo sein Wort nicht genügt. Er kennt sie aus Aswan und aus Wadi Halfa. Dort stellt die Sulta die Frage. Wer vor der Sulta steht, den fragt sie immer zuerst: «Wer bist du?» Die Sulta ist die Behörde. Adam kennt sie nicht gut. Die Frage «Wer bist du?» ist alles, was Adam von ihr vernommen hat. Eines von ihr weiß er: Die Frage, die von der Sulta kommt, die muß von der Sulta selbst beantwortet worden sein. Sprach der Herr: «Ich habe dir einen Namen gegeben, du bist mein.» Adam hatte das nicht gehört, doch ihre Frage an ihn hatte die Sulta beantwortet, ihm die Antwort auf ein Papier geschrieben und ihn geheißen, es in der Tasche mit sich zu tragen, in Wadi Halfa und in Aswan, in Ägypten überhaupt immer und am besten auch sonst. Das Papier der Sulta bannt die Gefahr ihrer Frage. Adam hält seinen sudanesischen Paß griffbereit, er zieht ihn heraus und zeigt ihn auch mir. Es gibt ihn sogar aus der Hand.

Adam weiß, daß nur wenige von den Sudanesen, die er kennt, einen Paß haben und mit ihm in der Hand den Schritt vor die Sulta wagen können. Kann einer es nicht, doch er möchte es gerne können, dann muß er mit drei Männern aus seinem Dorf in der Hauptstadt Khartum vor die größere Sulta treten. Oft ist sein Dorf sehr, sehr weit von Khartum, eine Woche oder auch zwei oder drei, wie der Bodensee von Madrid oder Rimini von Berlin. Er wird die Männer nicht finden, die mit ihm nach Khartum zur Sulta reisen. Die Sulta aber von sich aus hat nur in seltenen Fällen ein Interesse an Identifikationen, und auch an der Identifikation Adams hätte sie nicht das geringste gehabt, solange er sich den Grenzen nicht näherte. Es war sein sehr reicher Chef, der Sayid Ali as-Saliq, Kamelgroßhändler zwischen Kordofan und dem Schlachtplatz Kairo, der Adam und seine anderen Treiber mühelos mit dem Papier der Papiere ausstaffierte.

Freilich, da und dort ist ein Interesse, das in willige, folgsame Hände Papiere gibt. Dann geht es auf Reise. Die Gastarbeiterstraße von Kairo ins kriegsbedingt personalknappe Bagdad führt per Bus 100 km nach Suez, per Schiff 550 km um den Sinai herum in den einzigen jordanischen Hafen Akaba, dann per Bus 250 km nach Amman und von Amman

1000 km per Bus nach Bagdad, 70–120 Stunden. Die 623 Passagiere haben 30 Stunden im Hafen von Suez auf die Ankunft der ANOUD (Baujahr 1928, in Dänemark 1955 ausgemustert) gewartet. Nach siebenstündiger Abfertigung gehen sie drei Stunden lang an Bord. 620 Pässe – drei Passagiere sind Europäer – deponieren sie in großen Waschkörben. Vor Auslaufen der ANOUD schlafen sie eine Nacht an Bord im Hafen, denn bei Dunkelheit darf die ANOUD nicht auslaufen. Um 8.00 Uhr morgens läuft sie aus, geht vor dem Hafen aber gleich wieder vor Anker. Der Kapitän und sein erster Offizier streiken acht Stunden bis vier Uhr nachmittags, um etwas von den Gehältern der letzten drei Monate einzutreiben. Über den Erfolg schweigen sie sich aus. Darf die übrige Crew nichts erfahren? Nach weiteren 28 Stunden läuft die ANOUD schließlich auf einer ihrer beiden Sulzermaschinen in den Hafen von Akaba ein.

Mohammed Abd al-Latif hatte zwölf Jahre in der ägyptischen Armee gedient. Weil er aber schließlich auch als Brigadegeneral seine fünfköpfige Familie nicht anständig erhalten konnte, ist er jetzt Purser, Zahlmeister auf der ANOUD. Den ganzen Tag hat er mit zwei «Stewards» in den 620 Pässen die Einreise nach Jordanien datiert. Das sechsköpfige Team der jordanischen Grenzpolizei kommt an Bord und ißt erst reichlich. Dann wandern die Pässe aus den Waschkörben unter den einzigen Stempel und zurück in andere Waschkörbe. Fest ins Szenarium gehören die Sicherheitspolizisten. Sie gibt es nur in der Mehrzahl, sie sind immer mindestens zwei, diese Dämonen der unverzichtbaren schwarzen Listen. Dämonen sind sie im buchstäblichen Sinn: Sie vermitteln zwischen den Menschen und ihrer überirdischen Schicksalsfügung. An Bord der ANOUD scheiden sie mit mysteriös sicherer Hand 27 Pässe aus. Ihre Hand vollstreckt die Zufallsauslese des Schicksals, denn die Namen

der 27 unseligen ägyptischen Paßinhaber sind nur einfach von 27 der vermerkten Namen nicht unterscheidbar. Vielleicht sind tatsächlich zwei oder drei Gesuchte darunter?! Die 27 werden die ANOUD nicht verlassen dürfen, müssen mit ihr nach Suez zurück, wenn sie den ganzen Weg auf einer Maschine schafft. Für die Reise bis hierher nach Akaba haben sie soviel ausgegeben, wie das Leben in Kairo sie für drei Monate kostet.
Autobesitzer reisen nicht mit der ANOUD, das Fährdeck kann andere Verwendung finden. Die Passagiere, gepfercht wie in einem Popkonzert, füllen es bis hinten, Gesicht nach vorn zu Mustafa, dem Reinigungschef, der auf einer Schiebebrücke unter dem Zwischendeck kauert. Er ruft die 27 Gesperrten auf. Bis der letzte oben bei der jordanischen Polizei als Inhaber des inkriminierten Passes feststeht, geschieht nichts. Dann nimmt Mustafa durch eine Luke die Waschkörbe in Empfang. Im trägen ägyptischen Zeitfluß, nach dreitägigem Ruhelager in den kotig schlüpfrigen Eingeweiden des stinkenden Leibes der ANOUD steigert sich Mustafas Tempo plötzlich ins Apokalyptische: Er nimmt die Pässe, klappt auf, schreit einen Namensfetzen und schleudert sie geöffnet in die Menge. Panik bricht keine aus. Es ist Mitternacht, als die Passagiere der ANOUD draußen auf der Mole die Rückverteilung ihrer 593 Pässe auf zwei Dutzend Sammelstellen organisieren. Wer lesen und obendrein fließend lesen kann, ist rasch rekrutiert. Morgens um halb zehn sind nur noch wenige ohne ihre Pässe, einige wohl auch mit falschen, doch nur eine Handvoll, vielleicht zehn, zwanzig, werden ganz ohne bleiben. Diese aber? Und jene, die übermorgen am Grenzübertritt zwischen Burqu' und Ar-Rutbah, nach einer Nacht bei 0° C im Freien auf ihren Säkken, von den Irakern wegen ihrer falschen Pässe – oder auch mit den richtigen – zurückgewiesen werden?

Gibt die Geschichte von Abd as-Salam an-Nur Auskunft? Er serviert im Café Kassem in Tetuan, aushilfsweise, die besten drei, vier Monate im Jahr. Er verdient etwa 80 Pf in der Stunde. Er möchte weg aus Marokko. Doch es sind neun Jahre her, daß er einen Paß hatte. Abd as-Salam an-Nur war acht Jahre alt, als seine Eltern geschieden wurden. Er hatte unwahrscheinliches Glück, wurde zusammen mit seinem Bruder adoptiert und wanderte mit seinem neuen marokkanischen Vater nach Los Angeles aus. Zehn Jahre später aber waren die amerikanischen Träume in Scherben, und Abd as-Salam sah sich mit seiner zweiten Familie in Paris bruchlanden. Wieder hatte er Glück: Weil er außer seinen französischen Brocken gut Englisch sprach und natürlich Arabisch, stellte ihn eine amerikanische Tiefbaufirma als Fahrerbegleiter ein, bei Bechar in der algerischen Sahara. Dort wurde ihm nach einem knappen Jahr sein Paß mit den Arbeitspapieren gestohlen, und Abd as-Salam wanderte wenig später unter Anklage auf illegale Immigration und Schwarzarbeit ins Gefängnis. Als er nach vier Monaten das Tageslicht wiedersah, konnte er in der Helle zuerst nichts sehen. Man stellte ihn an die marokkanische Grenze und sagte ihm, er solle landeinwärts wandern. Im nächstgelegenen Dorf pflückte er fünf Wochen lang täglich zwölf Stunden Orangen, bis er das Busbillet nach Tetuan bezahlen konnte. Dort traf er nach elfeinhalb Jahren seine richtige Mutter wieder und seinen richtigen Vater. Sie grüßten ihn und gingen weiter. Seitdem ist Abd as-Salam schriftenlos, ohne ein Dokument, ohne die einheimische Carte nationale, und deshalb wird er schriftenlos bleiben. Die nahezu 1000 DM, die ihn seine staatliche Wiedertaufe zu stehen käme, wird er ohne Haupttreffer nie unter dem Tisch durchreichen können. Abd as-Salam hat aber kein Geld, Lose zu kaufen. Er hat Tränen in den Augen, wenn er von seinem Bruder spricht, der in London Taxi fährt.

Wie aber sind die Passagiere auf der ANOUD oder die marokkanischen Gastarbeiterscharen in Libyen zu ihren Pässen gekommen? Ibrahim, der Vetter, hatte einen Vetter, der von einem Büro wußte. Das Büro war ein «halbprivates» Arbeitsvermittlungsbüro. Die lokalen Agenten standen in bestem, wenn auch nicht ganz freiem Einvernehmen mit den diplomatischen Missionen der Abnehmerländer und auch mit dem einheimischen Arbeitsministerium, das die Verträge abzusegnen hat und oft unter mancherlei Vorwänden zögert, bis beim unschuldigen Händedruck der Batzen seinen Empfänger findet. Wer das Vermittlungsbüro finden konnte, fand es in einer Altstadtgasse von Casablanca, und es vermittelte für den Straßenbau in der libyschen Cyrenaica. Er fand es auf der Nilinsel Zamalek in Kairo, und es vermittelte Tellerwaschen in Bagdads Dreisternhotels. Es gab auch andere Büros, die vermittelten in den hinteren Räumen den Heiligen Krieg oder den weniger heiligen Reislauf unter dem heiligen Banner. Und nicht immer fanden sich später die Kunden dort, wo man ihnen gesagt hatte. Wenn nicht bei Ba'albek in einer der schi'itischen Milizen der libanesischen Beka'a, schon auch einmal im Tschad unter den libysch gesponserten Freiheitskämpfern Goukouni Weddeys.

Sogar in Barcelona schneit es. Abd al-Malik Shakil aus Tanger hat endlich die Agentur der Seelinie Barcelona–Genua gefunden. Drei Tage ist er schon hier, erst übermorgen legt das wöchentliche Schiff ab. Es kostet mehr als der Zug. Doch Abd al-Malik kann nicht durch Frankreich reisen, dort hat man zu sehr Angst, er könnte bleiben. Auch Algerien läßt keine Marokkaner durch. Darum führt ihn sein Weg auf die libysche Baustelle zuerst per Schiff in den andalusischen Hafen Algeciras, per Zug nach Barcelona, dann per Schiff nach Genua, von dort per Schiff nach Tunis und im Bus nach Tripolis. Für seinen Paß hat Abd al-Malik 300 DM, eineinhalb Monatslöhne in Tanger, bei seinen Freunden zusammengeborgt. Mit dem Schnee in Spanien und den Übernachtungen im Hotel hat er nicht gerechnet. Das Billett nach Genua hat er. Dort wird er, wenn es gut geht, noch 80 DM haben. Wenn er nicht zu viele Schnäpse trinkt. Wird Abd al-Malik in Tripolis eintreffen, um in einem Jahr mit monatlichen 2000 DM nach spektakulärer Rückkehr par avion in Tanger bei seiner Familie zum Aderlaß anzutreten? Vielleicht. Er weiß nicht, auf welche Schutzengel er treffen wird. Und ob er vielleicht nicht doch zu viele Schnäpse trinkt in der Kälte – und in der Angst. Vielleicht geht es ihm auch wie Abd as-Salam an-Nur in Algerien, als dieser nach dem Verlust seiner Papiere wegen illegaler Immigration und Schwarzarbeit... Seine Schwester Aziza in Tanger wird Abd al-Malik, wenn überhaupt, ohne Carte nationale wiederfinden. Man fand Aziza bei einem libyschen Geschäftsmann im Hotel. Seit Hassans, des Königs Verbrüderung mit dem Obersten, Gadhafi, sieht man die Libyer öfter in Tanger. Und seitdem jagt Tangers Polizei Mädchen auf dringenden Wunsch aus Libyen. Auch dem libyschen Geschäftsmann wurde für zwei Stunden der Paß entzogen. Abd al-Maliks Schwester Aziza sitzt für ein halbes Jahr. Ihre Papiere sieht sie nie wieder. Amtlich signiert sie fortan mit dem natürlichen Merkmal des Daumenabdrucks.

Mit elfen von seiner 16köpfigen Familie war Hamdi Ali Khairi, noch im Uterus, von Dongola im nordsudanesischen Niltal nach Kairo gekommen. Dort lernte er seinen schwarzen Landsmann kennen, den Seemann Juhanna Bu Lung aus Yambio an der südsudanesischen Grenze zu Zaire. Das war in den Stunden des langen, langen Wartens in der sudanesischen Botschaft. Juhanna hatte einen neuen Job auf einem Interkontinentalfrachter und versuchte, Hamdi seinen ehemaligen Posten als Putzer auf einer Fähre Beirut–Larnaca (Cypern) zuzuhalten. Sieh da, die libanesische Botschaft bestätigte ihm die Einreisegenehmigung, und sieh da, die sudanesische Botschaft stellte ihm einen Paß aus. Hamdi Ali Khairi hatte nämlich einmal in einer kleinen Pension in Kairo das Frühstück auftragen dürfen, auch einem sudanesischen Geschäftsmann, geboren wie Hamdi in Dongola. Der konnte das Nötige. Doch Hamdi traf fünf Wochen zu spät in Beirut ein. Auf der Fähre putzte ein anderer. Hamdi landete in einem Freiwilligenbataillon der Palestine Liberation Army, der PLA, des Söldnerheers unter dem Patronat der Arabischen Liga. 1976 kämpfte er im Libanon unter syrischem Kommando gegen Arafats «Freischärler». Übergelaufen, getarnt als einer ihrer zahlreichen Libanonflüchtlinge, gelangte er nach Kairo zurück. Dort fand er auch seinen Bruder Khalil wieder. Der besaß jetzt eine Waage, saß mit ihr auf der Straße, und auf ihr wogen sich Tag für Tag drei, vier oder sogar sieben Menschen. Hamdi selbst putzt wieder in der kleinen Pension, wo er einst das Frühstück auftrug. Er handelt ein bißchen mit Haschisch auch, doch in Marktlücken stößt er damit in Kairo nicht vor. Seinen sudanesischen Paß, den er bei der PLA deponieren mußte, hat Hamdi nicht wiedererhalten und auch keinen neuen. Der Geschäftsmann aus Dongola ließ sich nicht mehr blicken.

Hamdi hat aber eine reguläre Adresse. Schon lange möchte er zum erstenmal im Leben Post erhalten. Er möchte zu jener kleinen Minderheit der Erdbevölkerung gehören, die schon einmal Post bekommen hat. Ich sollte dann aber auch einen Gruß an Magdi schreiben, den Laufjungen der Pension. Ihn hatten sie von der Straße geholt. Magdi war eines jener Kinder, die Tag für Tag von Kairos Massen verschluckt werden und deren Zahl in den Zehntausenden liegt. Die Angehörigen, falls es sie gibt, finden ein verlorenes Kind sehr selten wieder, wenn es noch klein ist. Magdi weiß nicht, woher er kommt. Er ist ohne Herkunft. Er weiß aber, daß er Magdi ist.

Wir haben die zuständige Sulta in Kassala gefunden, stehen bereit zur ordnungsgemäßen Registratur. Vor dem Amt im sudanesischen Grenzstädtchen sitzen, auf ihren Bündeln, Hunderte Eritreer von jenseits der schroffen Felsgipfel. Kläglich wimmert es in den Armen der entkräfteten Frauen. Im Büro, um den Schreibtisch, drängen sich die wenigen Männer, die sich Eingang verschafft haben. Ein hochgewachsener, ausgemergelter Bursche in ausgeblichener Kampfuniform streckt von der Funktionärsseite den langen Arm über den Tisch nach dem Paß meines Freunds. Max gibt ihn ihm. Er blättert aufmerksam. Im Unterschied zu den arabischen Grenzpolizisten hält er ihn nicht erst eine Weile verkehrt. Jetzt setzt er los, in drei enormen Sprüngen schnellt er ins Freie. Vom Gebrüll der drei Türwachen gepeitscht, stürmt er im Hof Richtung Straße. Noch im Hof packen ihn zwei, und drei weitere sind sofort zur Stelle. Max hat seinen Paß unversehrt wieder. Den glücklosen Gelegenheitsfunktionär schließen sie in ein Kämmerchen neben dem Office.

An der Paßkontrolle des Zürcher Flughafens Kloten ruft man den Beamten der Zürcher Kantonspolizei. Ich warte. «Keine Beunruhigung! Nur eine Wohnsitzabklärung.» Herr Streuli stellt sich vor. Er blättert im Aktenordner. «Ankunft von wo?» – «Addis Abeba.» – «Adresse in Zürich?» Herr Streuli notiert. «Etwas Kleines wäre da noch, eine Buße der Zürcher Verkehrsbetriebe vom Mai 1983 wegen nicht ordentlich entwerteter Fahrkarte, macht 30 Fr, entschuldigen Sie mich. Sie zahlen sofort? Das ist das beste. Dort drüben wechseln Sie Ihre Dollarschecks zurück. Ich gebe Ihnen den Paß dafür.» Ich zahle. Die Zürcher Ordnungskraft wünscht einen schönen Abend.

20 Stunden zuvor, spät nachts im «Cottage», dem Pub der Europäer in Addis Abeba: Der dänische Logistiker des UNO-Flüchtlingshochkommissariats setzt sich gegen die humanitäre Moralpredigt eines Lutheraners vom Weltbund zur Wehr. Dieser will sich – «rein menschlich» – auf gleicher Ebene sehen wie die zahlreichen Siedler rund um die Lager, die vergeblich auf Registration warten. Der Däne schüttelt müde den Kopf: «Klar, natürlich sind auch wir solche kreatürlichen Probeläufe. Wir sind alle flüchtig hingeworfene Programme zur organischen Organisation von Materie, komplizierter Dreck. Du und ich stehen noch nicht direkt vor dem Abbruch. Und in deinem Fall wie in meinem: Es gibt hochspezielle zivilisatorische Bedingungen, unter denen wir identifizierbar sind. Von Natur sind wir es nicht, und bestimmt nie sind wir es dank uns selbst.»

Harb - Krieg

«Denken Sie, es ist klug, nach Ba'albek zu gehen?» – «Gibt's etwas Spezielles zur Zeit?» – «Ich habe Sie ja nur gefragt, ob Sie's klug finden, jetzt nach Ba'albek zu gehen», winkt Monsieur Chamas, der libanesische Konsul in Amman, ab. Er sei von dort. Die Journalisten gehörten sowieso alle in den Libanon. Vieldeutige Empfehlung, doch man wiederholte sie in Kairo allwöchentlich. «Sie sehen, Herr Chamas, wir kommen darum nicht herum, auch wenn im Comodore in Beirut schon dreihundert von uns herumsitzen.» Ich habe mich aufgemacht. Die Markierungen des Wegs zum Krieg haben nicht lange auf sich warten lassen. In Suez sind die geknackten israelischen Panzer am Quai als Gedächtnisstützen völlig überflüssig, die ganze Stadt ist ein Mahnmal. In der engen Straße von Tiran liegen noch heute die Wracks von Schiffen aus der Zeit, als Nasser den Golf von Akaba blockieren ließ, den einzigen Seeausgang Israels ins Rote Meer und zum Indischen Ozean.

«Bei den Arabern bist du nie außer Schußweite», soviel hatte man mir bereits das erste Mal auf der Fähre nach Alexandrien gesagt.
Jene Werkzeuge der kommunen Gewalt, die Schußwaffen, die kannte ich ja auch, doch hatte ich keine einzige je gebrauchsbereit gesehen. Schon das Zeremoniell, wenn die Wachen der Schweizer Armee für die lange Manövernacht einmal scharfe Munition in die Gewehre erhalten, beeindruckte mich. Gewöhnlich gewöhnt man sich – schon mangels Alternative, dachte ich mir; dein Puls wird rasch genug auf seinen herkömmlichen Werten stehen. Daß er sich zwischendurch auch ab und zu fühlbar macht, das... Man sagt, alle Liebe hätte etwas Körperliches, und so mag auch die Liebe zur Fremde den Puls treiben.
Das Dorfbild der wilden gebirgigen Stammesgebiete des nördlichen Yemens, verlöre es nicht zu arg an Kolorit, wenn alle Mannen die Verwegenheit ihres Krummdolchs, des Patronengurts und der Kalaschnikof morgen beim Staat deponierten? Das alles gehört zur Bekleidung. Und zielt Abdallah einmal auf dich, geh stracks auf ihn zu! Gewundenheit macht ihn skeptisch. Sein Humor ist Geschmackssache, doch er bekämpft zunächst nur seine Schüchternheit. Morgen will er zu dir ins Taxi, du rückst zur Seite, und er schwingt dir seine Kalaschnikof auf den Schoß, «halt sie mal!» Auch die zwölfjährigen Schuljungen, die auf dem Heimweg zur stolzen Demonstration ihrer Treffsicherheit auf 50 Meter Coladosen von den Feldmarksteinen ballern, strapazieren

die Nerven weit weniger als die Meuten ihrer achtjährigen Brüderchen, die vor dem Städtchen den raren unmotorisierten Fremden mit ihrem flächendeckenden Steinhagel belegen. Sicherer ist man da schon in Blickweite der scharf bewaffneten Erwachsenen, dort wirft kein Junge Steine, außer auf Hunde. Schreckt einen nachts ein fernes, doch nicht minder durchdringendes Stakkato aus dem Schlaf, ist es bestimmt ein Donnerstag und eine Hochzeit. In der folgenden Woche schläft man dann auch am Dienstag rasch wieder ein. Tags darauf, zur Gebetszeit, reihen sich wie jeden Tag verlassen die geladenen Knarren neben dem Eingang der Moschee, wie im Wintersportort vor der Berghütte die Ski. Kaufen kann man sie auf dem Souq, links hinterm Gewürz, an der Abbiegung in die Schlachtgrube. Dort präsentieren die Buden ihre beeindruckenden Sortimente. Auch schwere Maschinengewehre und Minenspicker lassen sich auftreiben. Im globalen Konnex von Waffen und Geld ist der Waffenhändler zugleich der Bankier, der einzige hier. Zwar unter seinen Augen, doch – versteht sich – zu seinen Füßen, auf der nackten Erde häuft sich, ganz achtlos zusammengekehrt, das papierene Renommee seiner Notenbündel. Wer hier hat, hat auch zuviel Takt, um kleinlich zu zählen, wo nicht einmal zählt, wer nicht hat. Der Bankier weiß hinter sich die Gewehre, geordnet im Glied. Sie machen den Mann. Es ist ihm schon vollends genug, daß er heutzutage nur noch entblößt, mit hochgestreckten Armen gewissermaßen, in die Hauptstadt, nach San'a, darf. Im Kino Bilqis zeigte die Leinwand noch unlängst MG-Spuren der wohlmeinenden Einmischungen des Publikums. Heute hat sich der Gute im Film seitens des Publikums auf die kräftigen Anfeuerungen zu verlassen und darauf, daß man ihm durch den Gefechtslärm zuschreit, wohin der Böse soeben entwischt ist. Der Job des Garderobiers hat es in sich: Wie bringt er Ordnung ins

überquellende Depot der Krummdolche? Der Gurt hält den Rock, und die Scheide sitzt meistens fest am Gurt. Man sitzt mit leerer Scheide im Kino. Das ist nun tatsächlich nicht wenig, denn mit leerer Scheide büßt man auf dem Land mittelschwere Straftaten ab.
Ich habe mich einmal bei einem der überaus arabischen Bauern des arabischen Südens zaghaft erkundigt: Die MP sei doch zur Jagd nicht zu gebrauchen, sie könne doch nichts als Menschen töten. «Ich will niemanden töten», hat er bestimmt versetzt, «ich will mich wehren.» Da trüge ja dann wohl ewig jedermann Waffen. «Jedermann muß sich wehren können!»
Zum Baden bin ich nach Khaukha ans Rote Meer gefahren, mit Mahmud Shubairi und seinen Freunden. Mahmud hat acht Jahre in Berlin studiert. Nun ist er Architekt in Diensten der yemenitischen Staatsbank. Im Augenblick schläft er im Sand, in der unschätzbaren Kühle des Palmschattens. Sein Colt rutscht aus der Badehose. Mahmud muckt auf: «Du weckst mich, wenn die Zionisten kommen!» Und dreht sich auf die andere Seite.
Man gewöhnt sich zusehends, und kommt man wieder von seinem periodischen Abstecher in eine etwas beunruhigende Ecke zurück ins zuvor schon Bekannte, dann ist man auch in Damaskus ganz zu Hause. Man fühlt sich dann wohl unter den halbuniformierten Scharfschützen an allen Ecken, zwischen den etagehohen Stacheldrahtzäunungen um die Verwaltungstrakte überall in der Stadt. Diese eisernen Gardinen erstrecken sich fast wie Bekräftigungen des frisch erlangten Vertrauens in den gemessenen Spazierschritt. Die Ruhe, und sei es diese, hat ihre Qualitäten.

«Denken Sie, es ist klug, nach Ba'albek zu gehen?» Ich solle Ba'albek grüßen, sagt Monsieur Chamas. Dort sei es einmal

sehr schön gewesen. Zehn Jahre jetzt, doch nicht immer sei dort Krieg gewesen.
Krieg... Fast in allen Teilen der Welt wird in diesem Augenblick gebombt, geschossen, verwüstet, verbrannt, in die Luft gesprengt, getötet, verblutet, gefoltert, verstümmelt, massakriert. Der Krieg ist auf der ganzen Welt, denn wo immer er nicht ist, ist sein Bild. Sein Bild muß intensiv sein. Es kann ihn verherrlichen oder ächten. In beiden Fällen muß es den Betrachter in seinen Bann zwingen, er muß hinschauen, nicht wegschauen. Gerade wenn das Bild gegen den Krieg mobilisieren will, bleibt es auf den Betrachter angewiesen. Es muß die Gewalt und das Grauen des Kriegs gegen ihn aufbieten. Es darf nicht lähmen, nicht zur Verdrängung zwingen. Die Abendschau darf nicht den Appetit verderben, darf nicht zuviel Schlaf rauben. Das Instruktionsdia des Verkehrsopfers, das im Nothelferkurs ein Drittel der Teilnehmer fluchtartig aus dem Saal treibt, hat nichts im TV verloren. Das Kriegsbild der Illustrierten erlaubt keine Lachen, aus denen das Blut über die Hochglanzannonce rinnt und ins Sofa sickert. Nie ist es einfach zu garstig, zu ekelhaft, denn in gar keinem Fall darf es ganz unerträglich sein. Vor allem eines demnach: nicht zuviel Organisches! Der Gebrauch, der ihm eingeräumt ist, darf den Betrachter in seinem Alltag nicht ernstlich behindern. Betreffen, ergreifen und bewegen soll es ihn, und es soll ihn – wie das heißt – erschüttern. Seine äußerste Grenze liegt im Entsetzen. Es beachtet diese Grenzen des Auftrags. Und die Schamlosigkeit seiner Unterschlagungen macht seine eigentliche Obszönität aus.
Dresden, die zerbombte Stadt Dresden, war mir mein ganzes Knabenalter das Urbild vom Krieg, war mir der feste Hintergrund alles Gehörten und Gelesenen. Dresden als monströse Wucherung des Archetyps vom verwüsteten

Haus, labyrinthisch in den finsteren Tiefen des schwarzweißen Drucks versinkend. Für Menschen war kein Ort in dem Bild, die waren irgendwohin – längst weg. Es war dasselbe Bild, das ich nun wochenlang Abend für Abend in den ägyptischen Nachrichten live in Bewegung sah. Aus den starrenden Löchern der zerschossenen Wohnblöcke und hervor zwischen den eingebrochenen Pfeilern der Rohbauskelette zogen die Mörserbatterien ihre Feuerspuren. Die Einschläge jenseits des Filmschnitts sprengten wieder und wieder den Blick hoch in die Luft und senkten ihn sanft auf große Schuttberge nieder. Hinten qualmten drei hohe brennende Brennstofftanks über der durchlöcherten Skyline von Tripolis, und jetzt beantwortete Arafat Fragen der Presse, untermalt von der syrischen Artillerie. Frequenz: eine Sekunde – ein Einschlag. In Damaskus hat das syrische Fernsehen gestern Shakehands auf der Treppe des Weißen Hauses gezeigt, smiling Reagan und Gemayel, abwechselnd mit den Massengräbern der neulich von Christen massakrierten Drusen. Danach die Meldung der Ankunft eines Teams kalifornischer Tänzerinnen, und anschließend, arabisch synchronisiert, Dallas.

Langsam wächst weit vor unserem Wagen die vertraute Silhouette der libanesischen Hafenstadt aus dem Boden. Einer der Brennstofftanks qualmt noch jetzt nach zwei Monaten. Die ersten Kontrollsperren liegen schon hinter uns. Die Häuserfront vor der Hügelflanke schiebt sich näher und näher. Im milchigen Licht des bedeckten Mittags wirkt sie wie ein leicht verschossener Abzug des Originals aus den Fernsehnachrichten. Die Wirklichkeit zeigt sich nicht in der Dichte, der Ballung des Bilds. Die Elemente bleiben dispers, die Aufmerksamkeit flutet. Wenn man sie nie gesehen hätte, die Bilder? Sobald die unheimlichen Blöcke das Blickfeld ganz füllen, schließt sich in unserem Rücken die

Scheibe, und nun fahren wir auf der zerplatzten Straße drinnen im flimmernden Kasten. Statt am Tisch vor dem Fernseher in meiner Pension sitze ich hier jetzt im Sessel, im Kino also wohl eher. Die Wärme im Rücken ist ganz die Wärme der Menge, ich spüre sie gereiht im Saal hinter mir. Auch die hundert stummen Blicke parallel zu dem meinen spüre ich deutlich. Gewiß bin ich es selber, der da mit Tasche und Köfferchen vom Parking die Stiegen der Gasse in Richtung Hotel hinansteigt, doch bleibe ich ganz im Publikum und schaue mir zu. Das dauert an. Den ganzen Nachmittag, den ich mich im Palästinenserlager Badawi mit Wafiq, dem Chef des Radios «Stimme der Revolution», unterhalte, sitzen um uns die imaginären Hörer, und ich bin einer von ihnen. «Besonders eines möchte ich Ihnen mit auf den Weg geben: Wo immer der Palästinenser auch sein mag, überall leidet er, denn überall ist er gleich fern von seinem Haus, aus dem er vertrieben wurde.» Die zwei Explosionen in der Nacht donnern nicht weit vom Hotel, doch es fehlt ihnen die aus dem Kino gewohnte Prägnanz. Der Tumult im Nebenzimmer, zuvor und danach, tönt demgegenüber wirklich nach Krieg.

Sowenig wie gestern scheint heute Krieg zu sein. Vielleicht ist morgen wieder Krieg, doch wenn übermorgen wieder nicht Krieg ist, wird der Markt in der Stadt ganz wie heute seinem emsigen Alltag nachgehen. Niemand sonst übernimmt die Versorgung der ganzen Levante mit der einmaligen Fülle an Schmuggelgut. Wer kann, repariert, wo er muß; wo nicht, vielleicht oder vielleicht später, vielleicht aber auch erst danach, doch nach zehn Jahren lebt man vorderhand ohne «danach». Der Krieg findet weiterhin seine Kulisse hier immer schon vor. Die pechschwarze Säule des Brennstofftanks steht noch eine Weile über dem abtauchenden Bild der Stadt. Wenig später sind wir hoch oben im

Schnee, und bald öffnet sich in der Tiefe dem Blick die weite Ebene des Beka'a-Tals. Dem Grün, der Farbe des Islams, erweist sie bekanntlich sehr schillernde Ehren. Es ist in der Tat ihre Farbe; vielleicht ist sie der grünste Strich Land in der ganzen arabischen Welt, und zu deren graubrauner Erde kontrastiert ihr Grün fast etwas giftig. Unsere Fahrt die 1200 Höhenmeter hinab zur Talsohle wird äußerst gewunden und lang, viel länger als jenseits herauf vom Meer auf die 2000 Meter der Paßhöhe über El Hermel. Die Straße wird bald katastrophal. Der Fahrer hält wieder und wieder, tauscht mit vereinzelten Grüppchen von Milizionären das Neueste aus. Geraume Zeit sind wir hinter einer eskortierten Karawane schwarzer Regierungslimousinen gefahren, welche, vom syrischen Übergang bei Tall Kalekh herkommend, vor uns eingebogen ist. Nun sind wir allein in den schroffen Runsen des Steilabfalls hinab zur Beka'a. Der Fahrer hat bis jetzt seinen Mercedes äußerst sacht und behutsam über die tiefen Löcher und Risse bugsiert. Ein Jeep schlingert in hohem Tempo auf uns zu, und als er vorbei ist, preschen wir los, daß die ganze Karosse jault und mir die Kartoffeln aus dem Korb der dicken Farida hinter uns um die Ohren fliegen. Noch zwei-, dreimal heißt es sich festhalten, aber endlich passieren wir die ersten Checkpoints, und die vorgehaltenen MPs haben die Sicherheit wiederhergestellt. Wir gleiten in der Ruhe der grünen Auen dahin. Rechterhand, entlang den seichten Tümpeln im Flußbett der Asi zieht sich das Bahngleis hin, die alte Linie von Homs über Ba'albek nach Damaskus. Es nähert sich langsam der Straße und läuft nun unmittelbar neben uns. Zögernd schwenkt es nochmals zum Wasser hin, kehrt aber bald zurück und ist wieder mit uns. Das Radio meldet Scharmützel aus dem Süden. Der Sender kippt weg, Rauschen und durchdringendes Knattern. Meine Hand am Regler zuckt heftig, das Gleis sticht scharfwinklig weg, reißt sich mit ein paar Schwellen aus dem Schotter, schießt jäh in die Luft und bleibt wie ein abgebrochener Korkenzieher über dem Fluß stehen.

Die Straßenbeleuchtung des Damaszener Boulevard Jabry ist schon aufs Minimum reduziert; kaum noch eine Seele, soweit Auge und Ohr reichen. Auch der Staub hat sich gelegt, die Luft ist beinahe so frisch wie im Schnee auf den Bergzügen des Libanon. In den Blättern des Baums vor mir regt sich etwas. Einer der tiefliegenden Äste biegt sich nachgiebig zur Straße. Sowie ich zwei kleine Turnschuhe erkenne, schnellt der Ast mit Geraschel zurück in die Höhe. Der Knabe steht wie angewurzelt vor mir und starrt mich an. In seiner Hand weist eine Stange Marlboro auf mich. Ich schüttle bedächtig den Kopf. «Ich komme vom Libanon.» Meine Stimme löst seine Starre, und husch ist der kleine Contrebandier in der nächsten Gasse verschwunden.
Mit Sicherheit werde ich nun zu spät zum staatlich geführten Pressebesuch der Front in Bagdad eintreffen. Die nächste Zukunft wird schon wieder vorbei sein, ehe ich in der jüngsten Vergangenheit zu einem Ende gefunden habe. Zuviel Zeit haben mich hier in Damaskus die Interviews zur Belagerung Arafats gekostet. Ich habe noch vage das Bild des riesigen Schreibtischs von Abu Saleh, dem politischen Führer der Dissidenten, vor Augen. Lag darauf etwas außer der großen Pistole? Deutlicher ist noch mein Bild von Bassam Abu Sharif, dem Sekretär von Georges Habasch. Das Bild war im Gespräch für einmal kein Bild, sondern er selbst: Er streckte mir die Hand hin, die während des ganzen Gesprächs meinen Blick immer wieder unwiderstehlich auf sich gezogen hat. Sie ist eine große Narbe mit einem halben Daumen und zwei Fingern dran. Die Narbe verschwindet

im Ärmel, setzt sich unsichtbar fort, läuft dann tief und fleischig durch die ganze eine Hälfte von Abu Sharifs Gesicht, über seine Stirn und tritt mit seiner andern Hand wieder aus dem Hemd. Ich drücke Abu Sharif die Hand, wünsche ihm und seiner Sache das Beste und danke. «You are most wellcome.»

Mein Platznachbar ist Ägypter wie alle Reisenden im Bus, außer vier, fünf Palästinensern mit jordanischen Pässen. Seine Familie lebt in Kairo, und er fragt mich, wo ich dort wohne. «Mahmud Bassiuni, zwischen der Champollion und der Tala'at Harb.» – «Suleiman Basha, aha», nickt er respektvoll; wie alle Einheimischen untereinander nennt er die Tala'at Harb beim vornasserschen Namen. Sie ist in Kairo so ungefähr das, was in Zürich die Bahnhofstraße ist.

Der Bus steht fast die ganze Nacht an der irakischen Grenze bei Rutbah, von halb zwölf bis morgens um sechs. Keiner darf vor Abschluß aller Formalitäten aus der Kälte zurück ins Vehikel.

Nach Sonnenaufgang tauen die tiefgefrorenen Gedanken allmählich wieder, und die eintönige Fahrt läßt sie schweifen. Tala'at harb ... Ägypten ist, wenn nicht in tiefster Seele ein friedliebendes Land, so doch mit größter Bestimmtheit ein kriegsmüdes. «Tala'at Harb», die Schilder sind klein und hängen sehr unscheinbar, doch entlang der ganzen Hauptader durch Kairos modernes Geschäftszentrum findet man sie. Tala'at harb: Es ist Krieg ausgebrochen. Tala'at an-nahar: Es ist der Tag angebrochen. Tala'at kaukab: Es ist ein Stern aufgegangen. Tala'at ward: Es ist ein Ros entsprungen. – Die fremde Wildnis der arabischen Verbstämme rückt eine beirrende Welt vor Augen, übervoll von frappanten Bezügen. Das Arabische gehört nicht nur weltweit zu den wortreichsten Sprachen, auch das einzelne Wort verliert sich im unüberschaubaren Geflecht seiner vielfältigen Bedeutungen. Das Wesen des Arabesken wäre am üppigsten an den morphologischen Verschlingungen der Sprache zu veranschaulichen. Blickt man durchs Wort auf die Reichtümer des Sinns, dann lädt die wuchernde Ranke, jene sinnbildliche Illustration des Arabesken, zur Überhöhung in drastischen Bildern des tropischsten Dschungels. Doch das Pflanzliche ist zu seßhaft, als daß seine Metaphorik ins Schwarze träfe. Die Leere der Wüste läßt die Imagination weit jenseits der Grenzen unserer Vorstellungen tanzen, und in der orientalischen Pandämonie kann nicht nur alles, was unter und über der Erde kreucht und fleucht, sich aus einem Geschöpf in ein ganz anderes verwandeln, auch ein Kater in einen wunderschönen Granatapfel und aus einem seiner Kerne in einen Fisch und der Fisch sich in eine brennende Fackel, die das Maul aufsperrt. Was auch immer für friedliche Lagen sich da in Krieg verwandeln, die Erreger sind Nomaden, so allgegenwärtig in ihrer Welt wie der Treibsand. – Tala'at harb ist arabisch Wortwörtlichkeit, so fern wie möglich von jeder metaphorischen Eruption. Krieg, immer zu seiner Zeit, keimt einer Saat gleich, dann geht er los, schlägt aus und blüht auf. Und der Stamm tala'a ist äußerst gebräuchlich: Tala'at fi sayara: sie ist ins Auto gestiegen. Atla'!: Sitz auf! Steig ein! Dem Krieg in Arabien gebühren gebräuchliche Worte. Ich bin zu jung, um mich an ein Jahr ohne arabische Kriege zu erinnern, und an der Zahl meiner Jahre liegt im Bezug darauf wenig. In unserem Jahrhundert zähle ich kein volles Dutzend ganz ohne offenen Waffenkonflikt.

Bilder reißen mich aus meinen bilderlosen Gedanken. Erst sind es vereinzelte Grüppchen von Soldaten, die auf der Landstraße in Richtung Bagdad marschieren, unbewaffnet, nur mit einem kleinen Effektensack über der Schulter. Sie blicken über die Schulter nach geeigneten Vehikeln für Anhalterversuche. Dann, ab Ar Ramadah, 150 Kilometer vor Bagdad, verdichten sich die Gruppen schon da und dort zu geschlossenen Kolonnen beidseits der Straße. Von wo nach wo ziehen die hier, 700–800 Kilometer vom Geschütz? Reservisten, die gegen die große iranische Frühjahrsoffensive aufgeboten werden und sich in Bagdad zu stellen haben? Liegen die Verluste an der Front hoch über den Befürchtungen?

Auch im Hotel Rachid Layali arbeiten nur Ägypter. «Mr. Schursch! Please give me dollars! Please dollars!! I give you dinar!» – «Gut, aber auch Kleingeld, ich kann bisher nirgends Kleingeld bekommen.» Die Haltestelle in der Nähe des Hotels ist verlassen, endlich kommt doch ein Bus. Es sind noch Sitzplätze frei. Vor vielen Läden gleißen sonntäglich die Jalousien, und im Suq habe ich den Schuster allein zu finden. Längere Zeit suche ich nach einer geöffneten Garküche. In der Reglosigkeit des Boys am Tresen ist etwas von Erstarrung. Man hört nur hie und da einen Stuhl rücken und ein unterdrücktes Schlürfen. Nur im Telefonamt ist Betrieb. Da stehen die Schlangen. Doch keiner spricht mit dem anderen. Ganz knapp unter der Schwelle des Hörbaren füllt ein gewittriges Knistern die Ruhe. Der Gehsteig ist zu sauber, unheimlich sauber. In der Mitte der großen Rondelle fuchtelt fahrig ein Verkehrspolizist. Der verdünnte Verkehr scheint ihn zu reizen. Ich sehe kaum junge Iraker in der Stadt, und der Taxifahrer wirkt stark übermüdet. Die große Leere ist nicht die des sommerlichen Urlaubsexodus aus der Metropole.

Rachid schläft heute nachmittag nicht. Zusammengesunken sitzt er an seiner Hotelbar, die Beine doppelt gekreuzt, den Kopf schwer in der Hand. «In der Stadt ist eine schrecklich nervöse Ruhe.» Rachid sagt nichts. «Die Leute sind schrecklich angespannt und beklemmt.» Er bestellt noch einen Whiskey. «Das ist nicht etwas, was schon lange so ist, und lange kann es so auch nicht bleiben.» – «Ich hoffe es nicht», brummt Rachid, ohne aufzusehen. «Was ist es?» frage ich hartnäckig. Rachid klaubt im Lederetui nach einer Zigarette. «Die Stille», sein Blick deutet nachlässig über die Schulter zur Ecke, zum Fernseher: «Keine Bilder – seit drei Tagen keine Bilder.» Ich gebe ihm Feuer. Er zieht tief ein, bläst den Rauch langsam durch die Nase. «Vier, fünf Stunden am Tag hatten wir sonst immer die Front im TV, jetzt seit drei Tagen nichts.»

Ich blicke hinunter in die Idylle des dicht und hoch umwachsenen Gartens. «Rachid, ihr wißt aber, ihr lebt von andern Bildern. Solange euer Rais Saddam Hussein – Allah yahfadhu! – die amerikanischen Satellitenaufnahmen bekommt, kann euch hier in Bagdad nicht viel passieren.» Zwischen den Sträuchern unten trainieren die elf rumänischen Tänzerinnen nun schon die dritte Stunde. Mit zwei Zauberern bestreiten sie die Show im «Alibaba», einem der Dutzenden von Nightclubs in Bagdad. Die erstklassigen Darbietungen zerren nach Kräften Devisen aus den ausländischen Brieftaschen. Die Hundertschaften der osteuropäischen Marlene Dietrichs haben wenig gemein mit Neppdamen in Schwabing oder St. Pauli, auch wenn sie – was für arabische Verhältnisse fast unglaublich anmutet – hier Vollstrips zeigen. Ihre Trosse gemahnen an jene von Eiskunstläuferinnen, deren olympische oder beinahe olympische Vergangenheit sich hier nun weniger sportlich auszahlen soll. Kaum zuerst in die Taschen der Artistinnen, wie die eiserne Fuchtel des Duos Agent und Trainer ahnen läßt. Der Whiskey strömt, denn nichts anderes und auch davon nur halbe und ganze Flaschen kann und muß man in diesen zeitgenössischen tausendundeinen Nächten kaufen. In ihnen sieht man Iraker: nicht nur, aber vor allem den Offizier daheim, in seinen raren paar Tagen Urlaub bis zum Wecken. Vor Kriegsende hat das üppige Unkraut der Profiteure keine nennenswerte Reinigung des nächtlichen Bagdads zu fürchten. Bis zur großen, die danach unzweifelhaft anstehen wird, haben die fetten unter den Fischen das Land verlassen oder das Lager rechtzeitig gewechselt, um die schmutzige Arbeit in ihrem Sinne zum Abschluß zu bringen.

Tags darauf finde ich Carli im Bagdad-Hotel. Carli war auf der staatlich geführten Fronttour, mit Fotograf. Was bekam man gezeigt? Man wurde auch ins Feld geführt. Leichen lagen dort schon noch ein paar. Außerdem zeigte man ihnen Gefangene, 13-, 14jährige. «Kinder» war Monat um Monat das Stichwort für diesen infernalischen Krieg. Man konnte schon ganz dem Eindruck erliegen, ein Kind wäre drei Erwachsene wert. Geht der Erwachsene freiwillig hin? Und hatte nicht Saddam Hussein seinen Angriffskrieg mit äußerster Rücksichtslosigkeit gegen die Zivilbevölkerung geführt, als er die Städte Khusistans in Schutt und Asche legen ließ? In der Folge hatten dann die iranischen Knaben auch dafür zu sterben, daß sich die Weltöffentlichkeit gegen den Iran auf die Seite des Angreifers schlug. So sind sie nicht nur das Futter für die irakischen Kanonen, sondern auch die Munition der großen Propaganda-Artillerie gegen ihre Väter und deren geistliche Führung. Die schickt nicht nur die Väter, auch die Kinder zum Krieg. Wer soll ihn führen in Ländern, wo 40 % der Bevölkerung 18 Jahre und jünger sind? Und – ja freilich – wo die Armee liebend gerne das Ende eines Krieges sähe, den die klerikale politische Führung unter dem Banner ihrer Revolution fortdauern läßt, vor allem, damit die weltlicheren Militärs nicht die Luft erhalten, im Binnenmachtkampf entscheidend zu intervenieren? Doch kann man so einfach Friedensbereitschaft verlangen von einem Land, das exakt in der schwierigsten Phase seiner jüngeren Geschichte, in seiner größten inneren Schwächung den Hegemonieträumen seines größenwahnsinnigen Nachbarn zum Opfer fällt?

Carli sah vor allem irakische Panzer, einer neben dem anderen, soweit das Auge reichte. Jene über tausend Wege nach außen dringenden Bilder aus den großen Sümpfen um die Unterläufe von Euphrat und Tigris, wo die Iraner zu Tausenden in den verschlammten Kanälen treiben, jene Bilder...

Murur - Verkehr

Kairo hat einen eigenen Flughafen – in Bagdad. Nicht einen ganzen Flughafen, doch ganz für sich allein den alten Abfertigungscompound des Bagdad International Airports. Last check-in für die Nachtflüge von Viertel nach zwei: neun Uhr abends. Service gibt es in den Egypt-Airbussen auf dieser Linie nicht. Nur als zwei Reihen hinter mir drei alte Matronen ihre Fische auspacken und unter wahrhaft bombastischen Gestänken zu verzehren beginnen, zetert eine Hostess den Gang nach hinten, kehrt um auf halbem Weg, rennt zurück, um ganz verblüffend rasch wiederzukehren, bewaffnet mit einer großen Dose Spraydeodorant. Die Fische sind weg, wer hat sich die unsägliche Unverschämtheit erlaubt?! Die drei wähnen sich schon gedeckt. Nur Hostessen und andere pseudomondäne Metropolitaner finden daran irgendwas. Doch es meldet sich bald ein Denunziant. Die Spraydose gelangt nun in Anschlag – funktioniert aber natürlich nicht. Die Hostess stürzt aus den üppigen Dünsten. Die Dose rückt nicht einmal etwas zu ihrer eigenen Wiederherstellung heraus. Eine andere ist nicht an Bord, und die Hostess muß sich nun, wie wir alle, bis zum Schritt an die Luft Kairos gedulden. An die Luft des Kairos der schwindenden Nacht: keine schönere Zeit in diesem friedlichen Land. Ein paar Stunden später dann, gegen Mittag...

«Hau ab! Geh zu den Pyramiden!» keift's schrill aus dem anfahrenden Bus. Wer Fotos macht, macht sie mit Gründen, mit überzeugenden, und das heißt mit vertrauten. Es geht nicht, daß keiner recht weiß, was da nun eigentlich drauf soll, und dem verhilft man ohne viel Zögern von Hand zum Nachdruck. Ich sage ihnen, das sei meine Arbeit, sie störten mich mehr als ich sie, und ich halte einem der Wortführer den hiesigen Presseausweis unter die Nase. Das entzückt einige mächtig, sie sehen sich fast schon im Kino; für die anderen macht es die Sache allerdings nur noch viel schlimmer. Eine wilde Debatte ist vom Zaun gebrochen. Die einen preisen die rare Ehre, Modell zu stehen, doch der Grimm behält deutlich die Oberhand. Keiner moralisiert. Keiner sagt: Die Nöte stellt man nicht aus. Sie sagen: Hier ist nichts zu gaffen, gar nichts zu fotografieren, und darüber ist nichts zu schreiben. Ich frage, ob Kairos Verkehr nicht eine üble Misere sei, ob sich da nicht doch etwas ändern sollte und ob man das dann nicht auch schreiben müsse? Was es denn ausgerechnet bei ihnen hier so viel Besonderes damit auf sich haben sollte, die ganze Welt könne das vor der eigenen Tür bestaunen! Aus welchem Land ich käme und wie viele Leute da seien? Ach so, Swissri, sechs Millionen – sechs Millionen fahren hier täglich herum. Und dabei lasse man sie tatsächlich am besten in Ruhe. «Was ist unser Nutzen aus Ihrer Arbeit, mein Herr?» fragt mich ein älterer Mann. Die Diskutanten sind unterdessen in den Bussen verschwunden, und ich bin auch schon auf und davon, um mir eine Gruppe von Schafen beim Überqueren der Straße nicht entkommen zu lassen. Der Hirt hält sich fluchend die Hand vors Gesicht. Und was die Pyramiden betrifft, welche der Kulturhistoriker Lewis Mumford die Abschußrampen der Antike genannt hat und ziemlich empörend fand, so stehen heute in Kairo die Himmelfahrten weniger hoch oben auf der Problemliste, überhaupt nicht so sehr die Fortbewegungen durch die Luft, denn auf dem Boden, vom Airport in die gegenüberliegenden Quartiere der Stadt, braucht man oft länger als von Bagdad nach Kairo.

Kairo, Al Qahira: «Die Siegreiche» drängt sich auf kleiner Fläche. Ihre größte Nord-Süd-Ausdehnung beträgt knappe 30 Kilometer und ihre mittlere Ost-West-Ausdehnung keine zehn. Dafür trägt ihre alternde Bausubstanz ihr Gewicht nur mehr mit sehr beschränkter Gewähr. Zwar ist die Frequenz der Einstürze bewohnter Blöcke tief unter die Höhepunkte um die Mitte der siebziger Jahre gefallen, als sie fast 1½ pro Woche betrug. Die «natürliche Zuchtwahl» unter den immer wieder frei nach Bedarf aufgestockten Immobilien scheint – vorübergehend? – zu einem relativen Abschluß gelangt zu sein. Doch der Bevölkerungszuwachs bleibt mit 3–4 % außer jeder Kontrolle, und allmittäglich steigt in der Innenstadt die Dichte auf über das Zehnfache der Bevölkerungsdichte New Yorks, auf über 100000 Menschen pro km^2. Die Nachtbevölkerung wird auf 11–12 Mio. geschätzt, tagsüber werden es in Kürze um 15 Mio. sein, und da sind dann drei von zehn Ägyptern in Kairo. Das ist ein Zehntel der Bevölkerung der 22 Nationen zählenden arabischen Welt.

Vielleicht lebt tatsächlich auch noch etwas von einer archaischen Neigung zu hoher Mobilität in der arabischen Kollektivseele. Doch heute ist diese Mobilität wenig nomadisch, sondern tritt in die Bahnen der allgegenwärtigen Landflucht. In Ägypten gäbe es fast überall mehr zu tun als in Kairo, und mancherorts sind die Löhne auf etlichen Erwerbszweigen wesentlich höher. Aber Ägyptens TV macht keine PR für die Peripherie. So konsumiert «Die Siegreiche» über 60 % von Ägyptens elektrischer Energie. «Die Siegreiche», Al Qahira, heißt in Ägypten Masr, und Masr heißt auf arabisch Ägypten. Wer immer sich in Ägypten, in Masr, befindet und sich aufmacht nach Kairo, der macht sich nach Masr auf; «Masr» kauft er am Bahnschalter, meist Masr einfach. Auch dort bewegt man sich dann, denn man muß ja. Aber die Umwälzung im Roßmagen der «Siegreichen» gleicht ganz jener in einer überladenen Waschtrommel bei ausgefallener Wasserzufuhr, lediglich begünstigt durchs Schicksal, daß auch die Heizung merkliche Schwächen hat. Arztbesuche gibt es seit langem – wenn noch – nur um die kühle Mitternacht.

Ich habe die Regungen der «Siegreichen» kaum wiedererkannt, als ich gut drei Jahre nach meinem letzten Besuch meine Zelte im Zentrum Kairos für längere Zeit aufstellte. Die permanente Gesamtralley ist vorbei. Man gelangt heute mancherorts ohne sportliche Hochleistung über die Straße, denn oft bewegt sich dort ausgiebig nichts, es steht. Auch die Asphaltakrobatik der einst zahlreichen sieben- bis zehnjährigen kleinen Stenmarks, die mitten im flott rollenden n-spurigen Chaos den Automobilisten mit Jasmin und Lavendel das Dasein im Wageninnern versüßten, ist weitgehend aus dem Straßenbild verschwunden. Während der Gang aus dem Haus viel an Verwegenheit eingebüßt hat, wird die Atemnot physisch konkret. Nicht um *Smog* handelt es sich bei Kairos Luft – Smog = smoke + fog, Rauch und Nebel –, sondern um *Smust*: smoke + dust, Staub. Die Luft unter Kairos wolkenlosem, dunkelgrauem Himmel macht ganz den Eindruck, sie wäre im offenen Lastwagen abtransportierbar, und mit ihr ließe sich zumindest der Suezkanal zuschütten, wenn nicht der Nil stauen. Regnet es, wie diesen Winter insgesamt zweimal, so kommt die Sache als halbsteife graubraune Sahne unten an. Soviel zum Smust, den man sich eine kurze Zeitlang noch allabendlich aus dem Gewand zu klopfen versucht.

Das Haarsträubende unter den Veränderungen in Kairos Straßenbild ragt monumental aus dem Treiben. Großenteils sind es noch erst die wuchtigen Gußbetonpfeiler, doch auf etlichen Kilometern ist die zweite Etage der Hauptverkehrsadern schon in Betrieb. Seit drei Jahren wurde und wird an 14 sogenannten Flighovers gebaut. Es sind Stadtautobahnstücke, Hochstraßen, die sich bereits oder demnächst an den Fenstern des dritten Geschosses entlangziehen, beidseits in Abständen von wenigen Metern zu den Fassaden. Man stelle sich darunter versuchsweise eine doppelstöckige Zürcher Bahnhofstraße vor, eine doppelstöckige Frankfurter Kaiserstraße, oder meinetwegen stelle man sich Barcelonas Rambla doppelstöckig vor. Das rückt nun hier über Nacht vor, nicht nur in den verkehrs- und menschenreichsten Straßen der Innenstadt, auch schon in die noch lichten und grünen Viertel der Westseite des Nils und durchs Diplomatenviertel auf der Nilinsel Zamalek. Es rückt vor, doch weil die Bauplanung mit dem Haushalt schlecht bis gar nicht abgestimmt ist, rückt es nicht kontinuierlich vor, sondern reichert auch hier und dort erst einmal als interimistische Ruine die städtischen Bestände an Monumenten an. Es ragt abgesägt in eine Zukunft hinaus, die über Termine der Fertigstellung wenig zu prophezeien erlaubt. Vorderhand trotzen die Laden- und Teekneipenzüge in den kilometerlangen Dauerbaustellen ihren unwirtlichen Bedingungen. Die Menschenfluten haben keine Möglichkeit, sie im Stich zu lassen. Übers Ökologische schwiege man vielleicht besser zunächst ganz. Denn zunächst bleibt die einfachste der Fragen offen: die nach den Erfolgsaussichten dieserart Strategie von Verkehrsbewältigung. Daß Ketten nicht stärker sind als ihre schwächsten Glieder, ist hier augenscheinlich als fundamentale Weisheit noch nicht geläufig. Ist man dabei, Knoten zu lockern, oder zieht man sie definitiv zu?

Das ägyptische Radio berichtet vom Kairoer Verkehr: Seine monströsen Auswüchse, für die auch die lebhafteste Phantasie sich keine Kuren auszumalen vermöchte, gingen großenteils zu Lasten ungeheurer Fehlplanung. Planung und Fehlplanung: das zweite ist nur die exaktere Bezeichnung fürs erste, wenn Planung praktisch umgesetzt werden soll in einer Lage, die keinerlei Planung zuläßt. Planung in Kairos Verkehrskrise? Die «Bewältigung» dieses permanenten Gesamtzusammenbruchs verwickelt ein Dutzend Millionen Menschen ungefragt in eine der gigantischsten Improvisationen auf unserem Planeten. Ein paar einheimische Auskünfte vom Fach wollte ich dazu sammeln. Die Absicht war nicht nur selbstlos: Sie hat meinen Aufenthalt in Kairos Verkehr ein bißchen erträglicher gemacht. In ihm ist das Interesse für ihn vielleicht die einzige Wehr gegen ihn.

Oft meide ich ihn nach Möglichkeit. Ich suche dann Ruhe, in einer Ecke, z. B. mit einem Buch. So las ich einmal, in London hätten Anfang der siebziger Jahre 6500 Busse zusammen mit der Underground insgesamt 5¾ Mio. Passagiere täglich befördert, in Kairo zur selben Zeit allein die

1200 Busse 3½ Mio. Das war nicht das erstemal, daß ich von Zahlen gehört hätte. Auch schon im Radio: Der öffentliche Verkehr befördere heute 5½ Mio. Passagiere täglich. Oder auch: Die Gesamtzahl aller in Kairo zirkulierenden Vehikel, die 1980 noch um 700000 betrug, habe die Millionengrenze deutlich überschritten. Woher sie wohl kommen mochten, diese Zahlen, das war ein Mirakel. Die Vorstellung, es könnte Schätzungen geben, die irgendeinen Anhalt in den Dingen selbst hätten, verlangt eine kühne Imagination. Und die fraglichen Zahlen sollten obendrein mit den Entwicklungen Schritt halten? Wie auch immer, ich würde mir die aktuellen Zahlen im Innenministerium vorlegen lassen und dabei die eine und die andere Frage stellen.
Am schnellsten käme ich sicher zu Fuß von meiner Pension ins Innenministerium. Doch ich steige in eines der 85000 Taxis in Kairo. Kaum habe ich dem Fahrer gesagt wohin, höre ich die Geschichte der Leiden des Kairoer Taxifahrers zum x-tenmal. Sie ist seit Jahren dieselbe, doch sie schwillt an. Die staatlich festgesetzten Tarife stammen noch aus den Siebzigern, sie wurden nicht mehr angepaßt. Grundtaxe ca. 25 Pf und ca. 7–8 Pf Kilometertaxe. Verließe man sich auf die Klagen der Taxifahrer, hätten diese zudem einen ganz besonderen Kinderreichtum zu füttern. In der Praxis sind die Taximeter seit Jahren stillgelegt. Seitdem herrscht ein erbitterter Tarifkampf weniger mit dem Moloch der zuständigen Behörde als mit der gesamten, natürlich größtenteils einheimischen Kundschaft. Zuerst wurde der Meterpreis auf jeden einzelnen der Sitze erhoben, und entsprechend hatte dann der seltene Einzelgast zu bezahlen. Doch auch das wurde zuwenig, und mit dem Wegfall verbindlicher Richtpreise verschärfte sich der unausgesetzte Kleinkrieg ums Fahrgeld. Unlukrativere Strecken, mit dem Risiko größerer Zeitverluste auf Umwegen oder im Stau, werden

überhaupt nur mehr zum Vielfachen der alten Preise bedient. Die Fahrer bleiben in den stark durchpulsten Adern und unterhalten dort ihren enormen Kleinbusbetrieb. Liegt das Ziel des Kunden ungünstig zum Ausgangsort, steigt er unterwegs eben um.

Aber selbstverständlich wird an einer Tarifanpassung seit Jahren gearbeitet. Die allergründlichsten Expertisen sollen vorliegen, und vom Verband der Taxihalter wird bestätigt, daß sie in letzter Zeit sogar konsultiert wurden. Doch wie immer: Wenn eine schwer zu bewältigende Sache zu bewältigen wäre, sind alsbald auch die wachsenden Stöße der Expertisen nicht mehr zu bewältigen. Und mit den Konsultationen hat es das Arge auf sich, daß sie die grundsätzlicheren Differenzen nicht ausräumen. So gingen z. B. von den Busfahrern schon hartnäckige Gerüchte, hinter vorgehaltener Hand drohten sie mit größeren Unfallschäden, falls sich ihre Arbeitsbedingungen nicht verbessern sollten. Das allerdings wird von ihrem Verband nicht bestätigt.

Ich treffe, wie beordert, um zehn Uhr am Portierhäuschen des Innenministeriums ein und frage nach General Abd al-Minim Gaber, dem für den Verkehr zuständigen Assistenten des Herrn Ministers. Der General könne mich jetzt nicht empfangen, er habe soeben einen Termin mit einem Schweizer Journalisten. Die Polizisten halten mein Papier in der Hand und mustern mich ungläubig von oben nach unten. Es fehlt wohl die vorgefahrene Limousine mit Chauffeur. Doch man bringt mich schließlich in die Fluchten der Vorgemächer. Im Büro von General Abd al-Minim Gaber kann ich mich davon überzeugen, daß Kairo an gewissen Orten doch auch geräumig sein kann. «Tee oder Kaffee?» Nun gibt's zuerst nach Herzenslust Zahlen. Ich frage den General danach, und er greift nach dem Telefon, um jemand anderen danach zu fragen. Im Verlauf des Gesprächs treffen sie ratenweise ein. Das Netz der städtischen Linienbusse hat ein Kilometertotal von 7 250, dazu weitere 1 000 km von kleineren Kompanien, 350 km Tram, 50 km Flußschiffahrt. Busse gäbe es um 4 000; wie viele davon betriebstüchtig sind, geht aus der Zahl freilich nicht hervor. Die immense Menge der Kleinbusse, die zehn bis 15 Personen vom Zentrum in die Außenquartiere fahren, ist nicht beziffert. Der Staat hat eben 500 neue bestellt. Gesamtzahl der Passagiere pro Tag: zwischen 5 und 6 Mio. Hatte jemand gezählt? Natürlich schätzt man, und die Übergänge zwischen Schätzung und Erfindung sind fließend. «Was tut man im Innenministerium, wenn man keine Zahlen geben kann? Man gibt Ihnen eine!» kommentiert sarkastisch ein Kollege. Mit Zahlen gibt es bekanntermaßen mancherlei magischen Umgang. Doch nicht nur den Zahlen zuliebe hatte ich um die Audienz nachgesucht.

Worin seiner Auffassung nach die Bewältigung der Probleme zu bestehen hätte? Ob da nun einfach alles Mögliche und Unmögliche versucht werde, dem Wildwuchs der Bedürfnisse zu entsprechen? «Package Solutions!» Man müsse durch den Bau von Parkhäusern den Privatverkehr in der Innenstadt auflockern. Zwölf Häuser seien geplant, mit dem Bau der ersten vier beginne man soeben. Ergänzend müßten die Kapazitäten der öffentlichen Verkehrsmittel drastisch steigen. Viel sei von der ersten Metrolinie zu erwarten. Die 47 km vom Flughafen im Norden längs durch die Stadt und nilaufwärts hinaus in die Industriestadt Helwan sind in Bau, und die Linie soll 1986 ihren Betrieb aufnehmen. 60 000 Passagiere pro Stunde, das ist tatsächlich eine ansprechende Kapazität. Doch sie beseitigt nicht Hunderttausende von Vehikeln aus der Stadt. Die 4 000 Plätze pro Parkhaus tragen vielleicht schlechterdings gar nichts ab von den doppelten, dreifachen Parkreihen, in welchen die abgestellten Wagen wie auf ewig den Straßenrand säumen. Nur in Schichten erhalten die Besitzer freie Hand auf ihre Wagen. Und an manchen Stellen geht die Sache fließend in Sperrmüll über. Ich beharre: Besteht die Verkehrspolitik einfach darin, dem monströsen Wildwuchs der Bedürfnisse zu entsprechen? Sind die Bedürfnisse unantastbar? Ist der ausufernde Privatverkehr der obersten Million nicht eindämmbar? Faßte man nie eine Abstufung der Treibstoffsubventionierung ins Auge? Oder irgendeine Erschwerung des Privatwagenbesitzes? Oder sonst irgendwas, um den Anstieg der Bedürfnisse zu hemmen? 90 % der Stadtbevölkerung säße aufs Erahnbare hinaus sowieso nie im eigenen Wagen. Ob man da einfach zusähe, wie die übrigen 10 % die Stadt unbewohnbar machen? Wer weiß, vielleicht müsse man in der Zukunft tatsächlich zu derartigen Mitteln greifen. Man liebe aber solche Ideen nicht sehr. Und heute jedenfalls bestehe das Problem darin, daß die jetzt erforderlichen Kapazitäten hermüßten. Dazu gehörten übrigens auch die Flighovers.

Ich wage die Frage nach der Umwelt«belastung». Ja, man würde seit vorigem Jahr messen. Resultate könne er mir noch nicht geben. Man sei halt in manchem noch nicht so weit, wie man es gern sein möchte. «Sehen Sie, Kairo ist ein sehr alter Mann. Und weil wir Kriege führten, haben wir ihn vernachlässigt. Nun aber wird er sich etlichen Operationen unterziehen müssen. An den Beinen, an den Armen welchen, in der Brust welchen, im Bauch welchen.» – «Auch im Hirn welchen?» – «Bitte? – Ja, vielleicht auch im Hirn welchen.» – «Und Sie denken, die Mehrzahl dieser Operationen wird erfolgreich verlaufen?»– «Warum nicht?! Wenn sie richtig geplant sind!» Meinen Eindruck, er sei recht optimistisch, bestätigt General Abd al-Minim Gaber, und er weist mich darauf hin, daß er auf seinem Posten in diesem Punkt schließlich keine vernünftige Alternative

habe. Und General Abd al-Minim Gaber ist auch weiß Gott kein Mann, über den man sich lustig machen dürfte.
Zurück in meiner Pension, erzähle ich dem Concierge vom alten Mann und den Operationen. «Was ist dabei was? Und was ist der Kopf? Und – wenn du ihn öffnen wolltest, den Kopf dieses alten Mannes, glaubst du, du fändest darin ein Hirn? Sicher wäre es arg kaputt, aber ebensogut ist es möglich, daß da gar keines wäre.»
Ich fühle mich, wie oft hier, müde, liege auf dem Bett. Was werde ich über Kairos Verkehrskrise schreiben? Der Straßenlärm setzt den Gedanken zu. Sie fügen sich schlechter in Kairo, und in ihre Ritzen dringt der allgegenwärtige Staub. «Was ist unser Nutzen aus Ihrer Arbeit, mein Herr?» höre ich den älteren Mann auf meiner Exkursion mit der Kamera fragen.

Kasr El Nil 26 - Standort

Der Airbus Bagdad – Kairo hat unter großem Applaus aufgesetzt. «Open your luggage!» herrscht mich der dürre kleine Uniformierte an, als ich durch den Zoll zum Airport hinaushuschen will. Ich setze ihm meine geöffnete Tasche unter die Nase: «Kullu haga bnussi gnee!!» keuche ich heiser, kullu haga bnussi gnee!! Dem Dicken neben ihm platzen zwei Uniformknöpfe auf, grölend hält er sich seinen hüpfenden Bauch, seine Pranke saust auf die Schulter seines Kollegen nieder, staucht ihn einen guten halben Kopf ein. «Ahlaaan!!! Hallloo –» streckt er mir beide Arme entgegen – «glücklich zurück bei uns in Ägypten? Ya Mohammed! Mohammed, bring dem Swissri vom Ataba Tee!»

Kullu haga bnussi gnee, meine Tasche ist wieder zu. Der Marktschrei des Arme-Leute-Bazars vom Ataba macht andernorts Ungeahntes möglich. «Alles das für ein halbes Pfund!!» Davon hatte ich mich in meiner Pension überzeugen können, als ich an der verwaisten Rezeption meinen ersten Markttag ausrief. Das gab ein Fest; nach zwei Wochen rief man mir im Viertel noch zu: kullu haga bnussi gnee!!
Wieviel zur Suleiman Basha, frage ich im Taxi den Fahrer. – «Acht Pfund.» – «Yichrab beitak!! Möge dein Haus einstürzen!! Vier ist der Preis, ich gebe dir fünf.» Er klopft mir lachend auf die Schulter: «Maschi, o. k., fünfeinhalb für dich. Willkommen zurück!»

Vor dem großen Zeitungsstand, bei meiner Pension gleich um die Ecke, schlafen die Zeitungsjungen noch auf der gestrigen Nummer von *Al Ahram*. Im Seitengäßchen kauert die Quartierwache über dem Teewasser, das auf einem zusammengekehrten Müllhäufchen zu sieden beginnt. Die Ablösung, die Erlösung, kommt um sechs, in zwanzig Minuten. Mit Höllenlärm verwandelt der städtische Spritzwagen die Staubverwehungen des Sturms, der gestern für einige Stunden auch den Airport lahmgelegt hat, in seine urbane Mischung von Nilschlamm und... zurück. Schiissdräcksturm heißt der Kairoer «Sand»sturm im Schweizer Club, diesem Club des weiß Gott oft derberen Spaßes.
Kasr El Nil Nr. 26. Urgroßvaters gealterter Schindlerlift hebt ächzend ab und quält sich bebend hinan in Richtung zu den ersehnten Gemächern der Pension. «Im Lift» hat wohl bei uns mancher einmal seinen Schulaufsatz schreiben müssen. Der Lift hinauf zur Pension wäre ein Ort der Kontemplation. Der Blick sinkt durch die ausgebrochene Vitrine und durch die Ritzen im Boden hinab in die wachsende Tiefe des Treppenaufgangs, der sich imposant um den Gitterschacht

hochzieht. Noch nicht in der Hälfte meiner Versenkung springt mir die Innentür entgegen, und der hölzerne Kasten sitzt ein Meter unter dem Ausgang zum dritten Podest abrupt fest. Ein langer Stock stochert eilig von oben herab nach, trifft mit traumwandlerischer Sicherheit den Knopf, schließt stockkehrum wieder die Tür, und der Lift hebt sich gehorsam auf Etagenhöhe. Es steigt – nicht anders möglich um diese Zeit – Herr Ali dazu. Aus den zwei tiefen Höhlen setzt sich sein Blick auf mein Gesicht nieder, und um die schmalen Lippen kräuselt ein Lächeln. Herr Ali ist ganz Haut und Knochen, aber er muß all seine 86 Jahre gewachsen sein, so hoch ist er. Fast hat man ein wenig Angst, daß ihn ein Stoß trifft und daß er sich unversehens zu jäh bewegt und in Teilen von sich herunterbricht. Doch Herrn Alis Größe ist seine Verpflichtung zu ebenso großer Noblesse, und das Gemessene, fast etwas Entrückte auch seiner feinsten Regung webt ihn in eine Aura von Unverletzlichkeit. In diesem Haus ist jeder der Schritte Herrn Alis schlechterdings zwingend. Seit mehr als einem halben Jahrhundert ist er der Bawwab, der Doorman des Hauses. Von oben sagt seine tiefe Stimme: «Friede sei über dir! Salam alaikum!» Friede ist über mir – und auch wieder unter meinen Füßen: Wir sind oben.

«Wie, Sie wohnen in einem dieser Drecklöcher!? Sie nehmen sich kein Apartment!?» Dabei war es genau das europäische Gejammer derselben Ratgeber gewesen, das mich von diesem selbstverständlichen Vorhaben abgebracht hatte: «Ein halbes Jahr warten Sie da auf Ihren Telefonanschluß, der dann ja eh nie geht. Sie haben keine Waschmaschine, und wenn Sie eine haben, dann haben Sie nie den nötigen Druck! Und die Mädchen sind ja so teuer heute! Und beklauen Sie ständig! Man läuft sich die Sohlen durch,

ehe man von dem, was man sucht, die Hälfte bekommt. Aber die Hälfte – was sag ich! Und erst die Defekte!! – mein Gott! – haben Sie mal einen Defekt, am Elektrischen oder so, Sie suchen zwei Wochen vergeblich nach Hilfe!» – «Sehen Sie?! Hören Sie?! Und wie lange standen Sie heute im Stau, von Maadi ins Zentrum? Zentraler könnte ich in der Stadt nicht wohnen. Ich lebe zwar über dem Verkehr, dafür nicht den halben Tag in ihm. Und ich habe hier eigentlich alles. Unsere Telefonapparate gehen beide. An Möbeln habe ich mir nach und nach das Beste aus den Zimmern der Pension zusammengesammelt, habe mir bessere Lampen, ein Kopfkissen und Bettzeug gekauft. Wäsche – ein halbes Dutzend Leute im Haus ist scharf auf ein bißchen Geld und Arbeit. Außerdem mag ich die dicke Sabah und den kleinen Magdi, auch den Onkel Ayad. Auch die Kundschaft der kleinen Geschäftsleute aus dem Sudan sagt mir zu. Nur selten wird mir der Besuch etwas viel. Doch wissen Sie, ich zieh es gewöhnlich vor, mir meinen Umgang nicht selbst auszuwählen. Das ist die beste Gewähr für Überraschungen, gegen Monotonie und Langeweile. Mit wem gehen Sie aus?»
Ich denke an die Worte meines Kollegen von der ungarischen Agentur: «Du wirst dich hier genau so gut fühlen, wie du dich einrichtest. Frag dich sorgfältig, was du vermißt. Meist wirst du sehen, der Mangel läßt sich beheben. Und wenn du frierst, mußt du heizen, nicht jammern. Zuerst haben wir alle, sogar in unseren Geschichten, vorwiegend gejammert. Es eilt dir hier niemand zur Hand. Doch du selbst kannst zupacken. Tust du's auch wirklich, macht's dich zufrieden.» Ich pflegte mir prompt auch die Schuhe selber zu putzen, wie eh und je, und mir Zigaretten und Zeitungen selbst zu besorgen. Eine ganze Weile wußte ich nicht, weshalb man mich plötzlich beim Frühstück warten ließ, mich liederlich bediente, mein Waschbecken nicht län-

ger saubermachte und keinen Mülleimer mehr leerte. Dann eines Tages trank ich mit Abrahim Tee, unten neben dem Tor. Ich wies den Schuhputzer ab. Schüchtern zeigte er nochmals auf meine schmutzigen Schuhe. «Er kann um diese Zeit keine Arbeit mehr finden, und er hat heute nicht genug verdient», sagte Abrahim. Ich gab ihm 25 Piaster und wollte ihn weiterschicken. Abrahim rief ihn zurück. Zu mir sagte er englisch: «Du hast keine Achtung vor seiner Arbeit. Er bestreitet mit ihr sein Leben, laß ihn sie tun und behandle ihn nicht wie einen Bettler! Er ist keiner! Verstehst du?» Er putzte meine Schuhe. Ich gab ihm nochmals 25 Piaster. «Er wird dich morgen nicht wieder fragen», sagte Abrahim. «Du hast ihn nochmals wie einen Bettler behandelt. Du kennst den Wert seiner Arbeit nicht, schätzt sie nicht und weißt sie nicht richtig zu honorieren. Du läßt ihn fühlen, daß das Geld, das du ihm gibst, nichts wert ist. Das ist unfein, du verhältst dich wie ein unverständiger Klotz, unwürdig für dich und unwürdig auch für den Schuhputzer, der ehrlich arbeiten will.» Magdi trat aus dem Haus. Abrahim winkte ihn zu sich: «Geh, hol Zigaretten!» 30 Meter von uns kaufte er sie. Abrahim gab ihm die vier Piaster Wechselgeld wieder zurück. Ich tat es in Zukunft nach Abrahims Vorbild, und bald bediente man mich wieder wie anfangs.

Natürlich ist jetzt, um sechs, außer Herrn Ali, noch keiner auf. Nachtportier Onkel Ayad schnarcht auf seiner Luftmatratze vor der Tür zur Rezeption und zum Flur, der zum einzigen volltauglichen Badezimmer führt. Die Tür ist verriegelt, da ihre Klinke zwischen Ayad und seiner Matratze liegt. «Ya Amm Ayad! Iftah al bab! Mach auf!» – und mit Amm Ayads Arm kommt die Klinke murrend unter der Decke hervor. Noch strömt aus der Dusche heißes Wasser à discretion. Ich habe schon lange keine mehr in meinem Zimmer, habe getauscht und dafür jetzt einen wunderschönen Balkon. Er ist das Rückreiseziel all meiner Vorstöße ins Terrain. Desto mehr, als nun der unkomfortabelste mir bislang bekannte Winter schon fast vorbei ist. Ich wäre nicht mehr durch und durch völlig ausgekühlt von den ungeheizten endlosen Wochen. Ohne die klammen Finger würde ich dasitzen, 25 Meter über der Gasse, und mit dem Kugelschreiber in der Hand den bleiernen Himmel nach Inspirationen fürs Tagesprogramm absuchen. Nur zwei-, dreimal noch hatte man mir den Müll vom Dach oben auf Schreibtisch und Kopf gekippt, nachdem ich die Sanierung meines Balkons zum erfolgreichen Abschluß gebracht hatte. Den Müllberg auf dem Balkon hatte ich auf dem direktesten Weg in einen der Innenhöfe befördert, wo sich der Müll wieder bis zu den Fenstern der ersten Etage gehoben hatte, ehe er sich nach den beiden Regenfällen dieses Winters gute zwei Meter senkte. Mein Balkon war sauber. Vier Wochen Absenz hatten ihn zwar nicht die Hand wechseln, doch auf ihm wieder dieses und jenes zusammenkommen lassen. Darüber steht auf dem Dach eines der zehn kleinen Steinhäuschen, die Küche von Abrahims Mutter.

Ein guter Grund mehr, nach oben zu gehen. Da oben sind auch die Wintertage recht sommerlich, und sie gewähren den klarsten Ausblick über die Dachlandschaften. Manche Blöcke wurden einmal oder auch wiederholt um ganze Etagen aufgestockt. Auf den Dächern nistet in und vor den kleinen Häuschen – wie viel zu viele Lifthäuschen anzusehen – zwischen kühnen Erhebungen des Sperrmülls ein buntes Dorfleben; viel Kindergeschrei dringt aus den Wäschehängen. Auf dem Dach über der Pension haben an die zwanzig Personen ihren festen Sitz. Stammvater Ali mit Frau, zwei Töchtern und den jüngsten zwei Söhnen, Abrahim und dem vierzehnjährigen Mohammed. Außerdem zwei, drei Bedienstete der Pension. In drei Häuschen gegenüber die vielköpfige Familie vom alten Omar, von Herrn Alis rechter Hand, Vize und designiertem Nachfolger; auch bei ihm außer der Familie natürlich ein paar Zugewandte. Das Dach, von wo der Bawwab, der Doorman, wohl einst durch die Zinnen hinabäugte, ist sein traditioneller Familiensitz. Die Familie arbeitet nach Bedarf fürs Haus, erhält dafür in den besseren Häusern Strom und Wasser hinaufgezogen. Meinen Balkon kehrt diesmal Sabah. Bis die ersten Sonnenstrahlen den Schreibtisch unten erreichen, spiele ich oben in der Wärme mit Abrahim Schach.

Natürlich hat Abrahim drei oder vier Stunden länger geschlafen als Herr Ali, sein Vater. Mit seinen 28 Jahren hat es der Drittjüngste von Herrn Alis 16 Nachwüchsen schon weit gebracht: gewissermaßen zum Geranten der Pension. Abrahims betriebswirtschaftliches Studium verzögert sich mittlerweile schon beträchtlich. Nicht weil ihm sein festes Gehalt von rund 100 Mark monatlich verlockende Zukünfte geöffnet hätte. Er lernt hier kaufmännisch einfach viel mehr. Das Frisieren der Bücher wird auch an Kairos Universitäten nicht in Kursen gelehrt. Und wer das Handeln lieber probieren als studieren will, hofft nicht zweimal aufs Große Los. Abrahim hält seine kleine Pfründe. Über Mohammed, den Bazaari in der Seitengasse unten, wechselt er der internationalen Kundschaft in der Pension die Devisen. Er vermittelt zeitweilig Ausflüge gegen Kommissiönchen. Er hat auch schon etwas gekauft und verkauft. Langzeitgästen macht er eventuell einen Discount. Der ist, wenn der Gast überhaupt etwas davon weiß, dann nicht zwingend identisch mit dem Abzug, der zu Buch schlägt. Ab und zu einmal ist Abrahim arg blank, hat Schulden. Ab und zu hört man, ein Gast sei ohne Bezahlung in aller Herrgottsfrühe verduftet. Und ab und zu ist ein Zusammenhang zwischen beidem nicht auszuschließen. Doch Abrahim ist nicht so sehr Materialist. Auch Gedanken an die Zeit, die noch nicht eingetroffen ist, halten ihn nicht zu sehr hin. Das wäre auch nur mit Vorbehalten zu raten, denn «Karriereplanung» gehört in Abrahims petit-bourgeoisen Kreisen ins Reich der Phantastereien. Das ist zweifelhafte Imagepflege im reellen Kleinbusineß. Besser empfiehlt sich Abrahim auf dem Boden.

Die entscheidenden Vorzüge des Dachstocks an der Kasr El Nil 26 liegen nicht im Wirtschaftlichen. Abrahim disponiert über Örtlichkeiten. Wer unter seinesgleichen hätte die Möglichkeit, jederzeit ad hoc eine Party aus dem Boden zu zaubern? Dann sind da auch Yvette, Chantalle, Kathrin und Deborah unter den Gästen. Sie residieren schon fünf Wochen in der Pension, 200 Meter vom ägyptischen Museum, und schreiben in den europäischen Semesterferien an ihrer archäologischen Seminararbeit. Die Rucksacktouristinnen auf Kurzabstieg sitzen gerne mit ihnen zusammen. Auch Caroline, die an der amerikanischen Uni studiert, ist immer wieder mit von der Partie. Es erstaunt wenig, daß Abrahims Freundeskreis sich kann sehen lassen. Gamal, Tiefbauingenieur, Ahmad, Volkswirt, sein Bruder Ismail, Brigadegeneral, Mustafa, Arzt, Yunis, Polizeioberst, Adam, UN-Beamter, Khaled, der Bodyguard an der US-Ambassy. Hier verkehrt auch Mahmud, Enkel eines der populärsten Kairoer Bürger des Jahrhunderts: Hassan al-Banna, legendärer Gründer der ägyptischen Muslimbrüder. Mahmud sitzt neben Iman, dem PR-Mann des Kairoer Blattes *Akhbar al-yom*, Iman, dem Favoriten unter den Gigolos der Kasr El Nil 26. Um Abrahim winkt eine Teilhaftigkeit an Schätzen, die desto kostbarer sind, als dieses ganze Männervölkchen in beunruhigenden Schritten auf die Dreißig zueilt und kaum einer von ihnen verheiratet ist. Für die längst fällige Familie fehlt nämlich nicht nur der unerschwingliche

Wohnraum, sondern auch ein Einkommen, das sich ohne Zynismus so nennen ließe. Der breite Mittelstand in den zentraleren Geschäftsvierteln Kairos hat, weitgehend unabhängig vom Finanziellen, spätestens ab dieser Generation hervorragenden Zugang zu Bildung, nach allen arabischen Maßgaben. Doch zur selben Zeit hat die Hochschulbildung, kaum daß sie endlich an internationalen Standards entfernt meßbar geworden wäre, auch schon beinahe ihr ganzes Sozialprestige eingebüßt; denn sie verhilft materiell kaum zu etwas und ist zunächst viel verlorene Zeit. Der Gymnasiallehrer serviert abends in einer Bar. Der Ingenieur, der eine staatsbesoldete Stelle antritt, tut das nur, um Kundschaft für die mechanische Bude seines Bruders zusammenzutrommeln, wo er selbst drei Viertel des Tages klempnert. Ohne simultane drei Jobs kommt kaum einer irgendwohin. Schließlich steht es um die Motivation der akademischen Habenichtse recht miserabel, wenn die Töchter ihres Standes alle an Akkordmaurer gehen, die bei ausländischen Contracters das Fünffache jedes mittleren Beamtengehalts verdienen können. Und wer bei der beträchtlichen mittleren Familiengröße in Kairo nicht das große Glück hat, Thronfolger zu sein, hat oft aufs Absehbare nicht die leiseste Ahnung, wohin er mit seinen Zelten sollte.

«Hat Iman nun wirklich vor zwei Wochen geheiratet?» frage ich Abrahim beim Schach. Imans Vater ist unlängst gestorben. Er könnte nun in die elterliche Wohnung einziehen. Doch in all den Jahren haben ihn seine weltmännischen Gewohnheiten doch etwas zu ihrem Sklaven gemacht. Er bringt keine Brautgabe für Farida zusammen. Seine Barschaft rinnt ihm stets sogleich durch die Finger und als Brandy die Kehle runter. Und er hat einmal ein fremdes Auto kaputtgefahren.

Doch auch heute abend hat Iman – weiß der Himmel, wo diesmal wieder – eins aufgetrieben. Der Abend ist jung, die Form noch tief. Im Sinne ihres Anstiegs steigen wir erst einmal alle hinab auf die Straße, Gamal, Yunis, Mohammed, Ahmed und ich, an der Spitze selbstverständlich Iman. Autofahren kann, ganz ohne anzustrengen, den Kreislauf anregen. Auf der Oktoberbrücke steigt der Tachozeiger knapp unter 100 km; Iman singt bereits, und Yunis stimmt ein: Ya hadi, ya hadi... – mein Liebchen, mein Liebchen... Die zahlreichen seßhaften Flußbootrestaurants am nordöstlichen Ufer der Nilinsel Zamalek sind zu dieser Jahreszeit fast leer. Einheimische Kundschaft haben sie sowieso kaum. Wir klettern, leiser nun, vom Parkplatz über ein paar Mäuerchen, dann steigen wir im verwahrlosten Buschwerk über Schutt und Müll hinab zu einem der arg lädierten Bretterverschläge am Ufer unten. Eine Wolke jenes süßesten aller Quälme verschluckt uns.

Auf der Rückfahrt singen auch Ahmed und Mohammed. Unser Auto duftet ganz unverschämt zum Kairoer Himmel. Das Gesetz, siehe da, dazu sagt es... Doch es sagt auch, daß die Rechtswirklichkeit nicht seine Sache sein könne, sondern allein Sache der Polizei. Der Polizei steckt man den Schlauch der Shisha ins Maul, und gierig nimmt sie ihre zwei Schlucke. Verbotener ist, daß ich nach dem Abstecher zum Nil weiß, welches Geschenk Nassers Sohn Khaled vom südyemenitischen Präsidenten Ali Nasser Mohammed neulich wieder erhalten hat. Das ist keine Ware für den Export. Denn in solchen Dingen zählen nicht die Kriterien einer Abstufung politischer Erheblichkeiten. Es geht um die arabische Intimsphäre, und Verletzungen von Intimsphären bemessen sich nicht nach ihrer realen Bedrohlichkeit. Iman führt seinen Ärger durchs Gaspedal ab.

Ya hadi, ya hadi... Yvette, Chantalle und Kathrin haben

schon in der Pension vorbeigeschaut und warten nun vier Etagen tiefer in der Wohnung von Imans Mutter. Sie ist zu Besuch bei ihrer Schwester drunten in Alex. Ist sie nicht zu Hause, gibt es selbstverständlich auch keinen Besuch von Farida, der Braut des Iman.

Oft habe ich versucht, Abrahim oder Freunde von ihm abends in die Stadt zu lotsen, ein Ansinnen, das ganz ohne Aussicht auf Erfolg blieb. Nicht eine halbe Stunde ist es zu Fuß zum Khan al-Khalili, dem großen Bazar. Abrahim war vor vier Jahren das letzte Mal hier. Am Hussein-Platz, vor dem Eingang zum Bazar, stehen die schönsten Kaffeehäuser des alten islamischen Kairos, gleich gegenüber von seinem kulturellen und religiösen Zentrum, der tausendjährigen Universität und Moschee Al-Azhar. An der Kasr El Nil ist man in der Frühe aufgewacht, nicht nur im Gefühl, sondern schon beinahe im Zustand, als hätte man vierzehn Tage zwischen Preßlufthämmern genächtigt – um nicht zu sagen geschlafen. Hier auf dem Midan Hussein findet die Überreizung Linderung. Während die Sufis – die Yogis des Islams – nach ihrer meditativen Einkehr zu Hunderten vor der Husseinmoschee sich in der Frische des Abends baden, im einlullenden Seegang ihrer Beschaulichkeit, sammeln sich die Nerven.

Doch Imans und Abrahims Feierabend ist das nicht. Sie sind auch nicht für den feuchtfröhlichen Betrieb der romantischen Bars hinter der zentralen Busstation am Ataba-Platz zu begeistern, nicht einmal für das phantastische Variété Granada, wo die alte Layla ihren umfassenden Bauch tanzen läßt und dazwischen von der Bühne in ihren meisterhaften Wortgefechten die aus dem Publikum gepickten Oberschichtsbonzen demontiert. Das ist traditionelle Aufgabe ihres Metiers. Der Stamm der Mikrokosmopoliten an der Kasr El Nil beschränkt seine Muße ganz aufs Quartier. Wie alle richtigen Kairoer Städter leben sie dort wie auf dem Dorf, und sie verlassen es nur aus Gründen, die uns zu Überlandreisen veranlassen. Am Feierabend kennen sie nur die Richtung zum Schlupfwinkel drüben auf der Insel. Vielleicht verzichtet, wer im Busineßalltag der City steht, nur schwer auf den durchgreifenden Stimmungsservice der Shishas am Nil. Seit meine Freunde wissen, daß ich im Darb al-Ahmar verkehre, an der alten Mauer, ganz in der Nähe von Batneia, bestürmen sie mich, ihnen den Stoff gleich direkt ins Haus zu liefern.

Um elf sitzen sie wieder in der Diele um das, was früher einmal ein Cheminee war und heute als Müllgrube dient. Nur Yvette sitzt noch neben Abrahim. Die andern Spätzchen liegen im Bett. Auch Kathrin hat Iman sitzenlassen. Die anspruchsvolle Rolle des Gigolos hält er kaum einmal länger als während der ersten zwei Stunden je zehn Minuten durch. Die übrige Zeit kühlt er hechelnd seine sofortige Überhitzung. Das Rührende, Patschige seiner Unbeholfenheit reicht allein zur Eroberung nicht oft. Ya hadi, ya hadi... Nun muß ihnen der Brandy die währschafte Schlafmütze aufsetzen. Noch ist man zu munter und debattiert angeregt. Abrahim stellt mich Abdallah vor, einem Luftwaffenleutnant, der in den sechziger Jahren im yemenitischen Bürgerkrieg war. Hamdi erzählt einen delikaten Witz von 1978, von Begins Penetration der Intimsphäre eines Ehepaars namens Sadat, mit Folgen. Zuerst fällt keinem auf, daß ich notiere, ein absichtlicher Test. Dann Abrahim plötzlich, wie von der Tarantel gestochen: «Was tust du?!» – «Ich vergesse die Witze immer fast alle», versetze ich unschuldig. Er entreißt mir den Zettel, zerreißt ihn, knüllt die Schnipsel zusammen, zündet sie im Aschenbecher an; dann geht er zum Klo und spült alles runter. Ich versuche ihn auszulachen: «Diskretion in Ägypten, na ja...» – «Kein

Mensch schreibt so etwas auf! Nirgends steht so etwas geschrieben! Verstehst du?!» In seinem Ton klingt keine Lust zu weiterer Diskussion.

Doch diese Diskretion... Wir plaudern noch ein bißchen übers ägyptische Engagement im Nordyemen, wo Mitte der sechziger Jahre die ersten Napalm-Einsätze der Welt geflogen wurden. «Etwas möchte ich wirklich gern wissen!» – «Nicht möglich! Was denn?» – «Die beiden Vorgänger des Ali Abdullah Saleh, des heutigen Präsidenten des Yemen, die wurden damals im Abstand von zehn Monaten erschossen und in die Luft gesprengt. Im Yemen weiß jeder Schuljunge, wer Al-Hamdi und Ghasmi getötet hat. Die gesamte Bevölkerung ist ohne Ausnahme bestens im Bild. Doch in der internationalen Presse war nie ein Wort darüber zu lesen gewesen, das mit der Wirklichkeit das Geringste zu tun gehabt hätte. Buchstäblich jederman weiß Bescheid, doch undenkbar, einer verfiele auf den Gedanken, einem Fremden die Wahrheit zu sagen.» Meine Freunde hören mit einem Ohr zu, etwas ungeduldig. Ich frage: «Wäre etwas Vergleichbares hier in Ägypten möglich?» Abrahim gratuliert mir vergnügt. Sogleich hilft Gamal den übrigen auf den Sprung: «Der Sahafi, der im Yemen war, hat dort etwas gelernt. Nun fragt er uns – und er ist ja fast ein Genie, der Sahafi – nach dem Tod von Sadat!» Riesengelächter. Ich bin so baff, daß ich einfach meine Frage nochmals stelle: «Wäre etwas Vergleichbares...» Abrahim schüttelt sich vor Entzücken.

Zwei Wochen wird er mich noch verfolgen wegen des Witzes. Ob ich ihn nicht nochmals aufgeschrieben hätte und es auch sicher nie tun würde? Wieder und wieder werde ich ihm wiederholen, diesen Witz würde ich jetzt bestimmt nie wieder vergessen. Abrahim wird sich beruhigen, doch die Gewißheit, er werde nie wirklich ganz sicher sein können, wird für ihn etwas Ärgerliches behalten. Er diskutiert wieder mit seinen ägyptischen Freunden. Mir wird er nur versichern, daß in diesem Sinne etwas Vergleichbares wie im Yemen in Ägypten nicht möglich ist. Das habe ich schon gewußt. Was eigentlich hatte ich sie gefragt? Wollte ich ihnen etwas vom Yemen erzählen? Das hätten sie – spätestens seit ihrem Abzug – selber gewußt.

Heute aber ging ich noch einmal aus, hinüber ins drei Minuten entfernte Hilton.

Dunya Maftuha - Offene Welt

Badr bin Mansur drückte zu Hause in Abu Ummi sehr arge Langeweile. Seine Halbvettern, die dort regierten, hatten ein paar hundert Halbvettern; ihm gaben sie nichts zu tun. Seine Suite in Kairos Nile Hilton sagt ihm zu, denn sein bevorzugter Aufenthalt in dem alten Kasten, den er tags und auch abends kaum je verläßt, ist das Kasino. Den Spruch über dem Portal hat er nie gelesen: «The easiest way to get excited», doch er versteht ihn. Badr bin Mansur freut sich gerne aufs Spielen, darum spielt er nicht pausenlos. Oft sitzt er nur da, in seiner langen schneeweißen Jellaba im Khakilederfauteuil. Oft sitzt er allein, manchmal nicht ganz allein, und zuweilen winkt er Nancy an seine Seite. Es ist bekannt, daß

er Antworten gibt. Sonst spricht er nie. Sein Blick liegt leer und ruhig im Saal. Streckt sich ein fremder Blick in den seinen, zieht er ihn langsam in sich zurück, bis hinter die großen braunen Augen. Dann aber, zu seiner Zeit, sitzt er am Spieltisch, Black Jack. Sein Gestus zeigt ganz den Mann von Welt. Nichts von der angewiderten Herablassung, nichts von dem notorisch Wegwerfenden, von jener unheilbaren Blasiertheit der ölschweren Araber im hin und wieder leider unausweichlichen Kontakt mit Geld unter den schamlosen Blicken von Dealern und Bankern. Badr bin Mansurs Gestik ist gar keine, ohne alles Empfinden ordert er seine Karten gleichsam bei einer Maschine. Gewinn und Verlust scheinen ihn kaum zu berühren. Er ist zahlender Zuschauer; die Verspieltheit und die bockigen Launen Fortunas vergnügen ihn, und die Schicksalsstreiche, die sie seinen Tischnachbarn frivol austeilt, amüsieren ihn köstlich. Immer wieder, seit Monaten, wie Nancy und der Barkeeper Bahr wissen, doch nie zu lange. Er kramt dann gemächlich nach seinen paar englischen Brocken, seinem strategischen Minimum. Nach einer Weile fündig, sagt er zu Nancy, deren verschränkte Arme auf seiner ausladenden Schulter ruhen: «I go up to the room.»
Die 39jährige Nancy, die früher, ehe sie trank, Tänzerin war, in einem der vielgereisten Teams der Marriott-Kette, hat großzügig Freizeit. Nicht nur in Badr bin Mansurs Sichtweite im Hilton-Kasino. Badr bin Mansur hat zu Hause in Abu Ummi seinen Harem und reichen Kindersegen. Da hält er sich alle Jahre ein paar Wochen auf, und Nancy muß sich im Sheraton in der Stadt nur ein paar Tage bereithalten. Zuweilen fliegt ihr Gebieter auch einmal von Kairo für eine Woche nach Paris. Nancy sorgt für die Buchungspanne. Sie sagt ihm, die erste Klasse sei voll, sie folge ihm tags darauf. Tags darauf erwartet sie ihn in seiner Suite

im Hilton Athen. «Ach!» wird sie sich in zehn Tagen bei ihm entschuldigen. «In Paris warst du?! Du sagtest mir in Athen!» Badr bin Mansur wird nach längeren kommunikativen Irrfahrten Nancy schließlich bereitwillig verstehen: «Ah – I see.»

Nomadisieren die Söhne wieder, nachdem sie zu Hause fürs erste einmal gebaut haben? Ist ihnen die Wüste zu eng geworden? Ihr Gewand ja wohl nicht. Kam die Beengung durch andere Bande? Wie, wurde die längere Untätigkeit zur Last? Oft schon und mancherorts wurde vermerkt, die aus den Nägeln gesogene Unternehmungslust tendiere immer zu rasch ins Genitale – und nur bei extremen Hemmnissen eventuell ins Geniale. Ließen sich die einmal spazierengeführten Glieder nicht wieder sauber hinter die Grenze zurückziehen? Die Söhne machten den Vätern Ärger und auch große Angst vor der Schande. Dem Vorbild der Väter verdankten die Söhne sehr vieles. Aber verdankten sie ihm nicht vor allem, daß sie dem Vorbild so freischweifend nun eben in jener Domäne nacheifern konnten, in welcher ihnen bereits die Väter ihr Vorbild ohne Hemmung zerschlissen? Waren es nicht die Väter gewesen, die von ihnen, den Söhnen, drastisch zu viele gezeugt hatten und nun den meisten davon nichts zu tun übrig ließen, als jenes fatale Spiel in seinen höchsten und höchst gefährlichen Überdruß fort- und fortzutreiben? So unerhört viele waren ihrer nun auch wieder nicht. Doch ihnen waren Flügel gewachsen, große Sprünge zu tun statt der Arbeit, die jeder – weil ihrer so viele nicht waren – für ein Taschengeld abtreten konnte. Denn die vorbildliche Arbeit der Väter, die war getan.

15. Januar 1902. «Allahu akbar!» Abdul Aziz bin Abdul Rahman bin Feisal as-Saud stürmt mit nicht mehr als zwei Dutzend Kampfgefährten die Musmak, die kleine Zitadelle in Riyadh. Das Haus Saud wird sie nicht wieder räumen,

denn an seine Spitze hat sich ein resoluter Mann gesetzt. Als zehnjähriger Knabe war Abdul Aziz in einem rauhen Wollsack am Knauf von seines Vaters Kamelsattel von Riyadh nach Kuweit geflohen. Bei seiner triumphalen Rückkehr in die Musmak war er 21. Ein Jahr später sollte Abdul Aziz, seitdem kurz Ibn Saud, seinem ersten Europäer begegnen. Nicht in Riyadh, wiederum während eines Besuchs in Kuweit. Riyadh war doch zu abgelegen und unbekannt. Im vorigen Jahrhundert waren drei Euopäer dort gewesen, und ihre Reiseschilderungen waren für jene so exklusive wie zeitraubende Sparte von Abenteuern nicht die beste Public Relation. Nach weiteren drei Jahrzehnten blutiger Eroberungszüge, Stammes- und Familienfehden war Ibn Saud, der Sohn eines von Dutzenden rivalisierender Wüstenstämme, König des heutigen Reichs. Sein Hoheitsgebiet war groß, so groß wie das ganze kontinentale Westeuropa, und es war leer, um einiges menschenleerer als etwa das Mittelmeer. Ibn Saud taufte sein Reich ungezwungen Saudiarabisches Königreich. Zum Kosmopolit war er nicht geworden, und auch sein Name hatte sich noch wenig an kosmopolitischem Format zugeschlagen. Die europäische Öffentlichkeit wußte noch eine ganze Weile von nichts. Die arabische Umwelt versuchte sich in Mokanz, allerdings reichlich gequält. Der Großvater des haschemitischen Husseins von Jordanien hatte sich noch kaum zuvor in Mekka als künftiger König aller Araber gesehen und seinen Söhnen, die nun in Amman und Bagdad saßen, die entsprechende Erziehung zuteilwerden lassen. Gewiß war da mehr imperialer Wahn als Elan, doch zu Geschenken an die Familie Saud war keiner aufgelegt. Obwohl bei denen unten gar nichts war. Nur ein paar heilige Stätten, und davon gab es noch mehr und an besserer Lage.

Ibn Saud, nun der Vater des Hauses, hatte Raum für seine Familie. Er war 52, und der formelle Teil seiner direkten Nachkommenschaft hatte die Zahl seiner Jahre bereits überschritten. Die Basis für die heute mehreren tausend war da. Ibn Sauds Familienleben war vorbildlich, und er gönnte sich nie mehr als die vom Koran zugelassenen vier Gemahlinnen zu gleicher Zeit. Freilich gewährte er sich – wie Muhammad, der Prophet – Gott segne Ihn und gebe Ihm Friede – selbst in den Tagen seiner Reife – einigen, wie man sagen mag, Spielraum, einige Lockerung der gestrengen Regeln. Außer den vier Häusern seiner vier Gattinnen mit Gefolge hielt er sein eigenes als Sitz seiner vier Lieblingskonkubinen, und sein häusliches Team vervollständigten die vier meistbegünstigten Sklavinnen. In der Tradition der meisten Sheiks, Sultane und Prinzen war es auch Ibn Sauds Gewohnheit, auf Reisen keine Offerte seiner Gastgeber auszuschlagen. Ibn Saud pflegte sich nicht unnötig durch ungestillten Appetit zu behelligen. Kraft und Stärke suchte er nicht in den Gerbereien irgendwelcher selbstauferlegter Askesen. So suchten ihn nie jene tyrannischen Nöte des Nimmersatten heim. Da wäre auch über ihn gar nichts von Perversionen bekannt. Die sind ja – wie es auch Malraux aus dem Mund seiner wohlunterrichteten fernöstlichen Helden überbringt – Mißkreaturen jener Art Gier, deren schlimmster Feind ihre Sättigung ist. Ibn Saud machte sich seinen Leib nie zur Last, er wohnte harmonisch in ihm, und dieser vergalt's seiner Seele. Denn es war nicht der Mut des Haudegens, es war Ibn Sauds Großmut, die ihn groß werden ließ. Als Reinheit hatte ihm nie fanatischer Eifer gegolten, sondern das Gegenteil: rechtes Maß. Und nicht Rücksichtslosigkeit, sondern Unbestechlichkeit gebot ihm die eigene Strenge. Ibn Sauds beispiellose Kühnheit in seiner Welt hieß Verzeihung. «Allah ist geduldig!» So besiegte der große

Begnadiger alle seine undankbaren Rivalen bereitwillig dreimal. Nach Schlachtenfeierabend heiratete er sein Reich zusammen. Sein Reich sah zu guter Letzt doch, daß er dessen Gemeinwohl vertrat. Allah aber hatte Ibn Saud nebst seinen Pflichten die drei wirklichen Freuden des Lebens geschenkt. Ibn Saud zählte sie gerne auf: Gebet, Frauen und Parfüm.

Geld hatte da unten keiner. Auch der Hof kratzte unausgesetzt die letzten Taler aus seinen Kassen. Die spiesen sich damals zur Hauptsache aus dem Gebet: aus den kärglichen Beuteln der Mekka-Pilger. «Wenn jemand mir 1 000 000 Pfund offerierte, hätte er in meinem Land alle Konzessionen, die er sich wünschte», versicherte Ibn Saud 1931. Und noch 1931 bezahlte er sein importiertes Öl Stalin mit geborgten Devisen. Sieben Jährchen später kam es ja dann, das Öl. Und so kam ja dann auch das Geld. Mit ihm kam eine erkleckliche Diversifikation des Parfums. Anläßlich seines ersten Besuchs in den USA bezog Saud bin Abdul Aziz, Ibn Sauds Nachfolger, im Waldorf-Astoria sieben Etagen. Von seinen Söhnen konstatierte der eine, der amerikanische Präsident müsse ein sehr armer Mann sein. Auf Suche nach akzeptablen Ärzten belegte Saud bin Abdul Aziz mit seinem 160köpfigen Gefolge 80 Suiten des Negresco in Nizza, als man ihn wissen ließ, seine De Havilland hätte sich bei der Nachlieferung von 300 Gepäckstücken und weiteren Gästen in den Monte Matto gebohrt.
Auch für die Frauen blieb dieses Geld nicht ohne Folgen. Weniger für die Araberinnen als für die übrigen in den Reichweiten der Wüstenhoheiten. Vom Emir von Q, Sheik Jusuf bin Abra al Kabir, erging der Befehl, der Badestrand der Europäer und Amerikaner, kurz der Nasrani, der Christen, habe an seinen Privatstrand zu grenzen. His Highness

saß dort standesgemäß leicht erhöht und spähte in die Runde, um die Einladungen zu seinen Parties gezielter in die Ausstellung des spärlich bekleideten Fleisches bringen zu lassen. Sittsamer präsentierend, gruppierte es sich daraufhin in seinem Palast bei etwas Kräftigem on the rocks. Zu vorgerückter Stunde suchte Dame um Dame auf Wink die Bedürfnisanstalt auf. Wie zuvor gewarnt und auch schon beschwichtigt, stieß Dame um Dame auf dem Rückweg im leeren Korridor beinahe mit dem Sheik zusammen. Im Verlauf der bestellten zwei Busserl auf Wange und Wange wechselte ganz diskret ein Umschlag die Hand. Er enthielt nichts Originelles, ein paar schlichte Scheine, vielleicht 700, vielleicht 1000 Dollar. Dame um Dame fand sich unbeschadet wieder unter den Gästen. Die lange Blonde, die zuvor im Salon den Samt zur Seite Sheik Jusufs und dessen Händchen drückte, erfreute sich ihres Urlaubs, der ihr den Vorgeschmack auf die sicheren Kröten sichtlich versüßte.

In dem Ganzen war keinerlei Nötigung, allein der lauterste freie Wille. Sheik Jusuf vertraute auf Anreiz. Bezahlung? Aber woher! Geschenk! So oder so, Sheik Jusuf verstand zu berücken. Die Kräfte, die von ihm ausgingen, zogen die eine und andere der Nasrani in Bann, verdorbenen Blicks und schielenden Herzens traten sie etwas steif seiner Hoheit näher. Der verbotene Cocktail half mit und schon auch einmal der Gatte. Wenn sie die Richtige war, brachte ihr die eine Nacht, was ihm die Arbeit des nächsten Halbjahrs. Es hieß, selbst die Töchter hätten die Heimat nicht immer unbefleckt wiedergesehen. Gleich, ob der Haussegen hinterher schief hing oder auch nicht so sehr, man schimpfte Sheik Jusuf pervers. Das war der engherzige Undank für seine Großzügigkeit. Denn diese und sein Reichtum waren Sheik Jusufs herausstechende Attribute, nicht irgendwelche seines Leibs.

Weshalb nun exakt auch dieser auf seine Rechnung kam, die Frage quälte Sheik Jusuf nicht unerträglicher als jeden hiesigen unter den erfolgreichen Männern. Mit ihnen gemein – und mit Badr bin Mansur – hatte Sheik Jusuf auch die Verachtung fürs ordinäre Bordell.

In der großen Tradition Ibn Sauds verwahrte auch nach Sheik Jusuf bin Abra al Kabir seinen Leib – wie Badr bin Mansur den seinen – gegen die Zumutungen irgend abstrus luxuriöser Entbehrungen und garantierte ihm Frieden, Salam; Sheik Jusuf lieber zu Hause in seinem Palast, Badr bin Mansur lieber in seinen Suiten, denn daheim hatte er doch noch manchen Mann über sich. Fremd waren beiden die halbseidenen geilen Schmarotzer an jenem Elend, das nicht wenige Drittweltmetropolen in die Reiseprospekte hievt, indem es die Mädchen auf die Straße und in die Hotellobby zwingt.

Durch den Korridor in der elften Etage des Bangkok Meridien donnert Harish Avasthi, barfuß im Nachthemd, furchterregend die Tischlampe schwingend: «Allaaah! Alallaaah!» Als hätte ihnen das kreischende, strampelnde Mädchen, das die beiden Kuweiti an den Haaren zurück zimmerwärts zerren, einen starken elektrischen Schlag versetzt, stürzen sie panisch davon. Sie japst kläglich, hält ihr zerfetztes Kleid zusammen. Wie soll sie zum Handbag kommen, der noch im Zimmer der Araber liegt? Der Respekt, den sich Harish verschafft hat, macht's möglich. Muslimische Inder wie Harish schaufeln im Golf den Zement. Er sagt, er kenne die Habasche, und Allah sei sein Gott auch und auch hier, nicht nur dort um die Bohrtürme und fünfjährigen Betonpaläste. Es sei halt einfach zu arg, seit all die Jumbos zwischen Frankfurt und Bangkok in Dahran auftanken. Im Supermarkt seien zu viele der Araber moralisch zusammengebrochen. Dem Selbstbedienungsprinzip seien sie nicht gewachsen. Und vielleicht schreibt die Psychologie des Ramschens, des Hamsterns, des Klauens, des manischen Ansichreißens und Einverleibens demnächst ein exemplarisches neues Kapitel.

Zu Hause drischt man intim die weißeingewandeten Bangkokheimkehrer schon zuweilen noch durch, je nach Großvater. Und als die Rotmeernachbarn Addis Abeba um allen nächtlichen Komfort gebracht haben, als diese rigorosen Burschen im hinsichtlich Sortiment paradiesischsten Mädchenbazar dem Konsum simpel die Örtlichkeit entzogen, als sich die Ausländer in den gemieteten Betten plötzlich unter sich, wenn nicht gar allein fanden, da jammerten weniger die saudischen Stammkunden als die wenigen Europäer. Diese einstigen Nutznießer waren empfindlich getroffen. Denn unter und auf ihnen hatten die außergewöhnlichen Schönheiten zwischen dem letzten und dem nächsten saudischen Bock schon beinahe gerne gearbeitet. «What, you live in Cairo? Just tell me one thing: who likes the Arabs?!»

Der Sommer 1977 verheißt dem europäischen Publikum etwas heißes: einen Film, die Neuauflage eines wahrlich gestandenen Thrillers, ganz lebensecht: «Romeo und Julia im Wüstensand». In Jedda wird Prinzessin Mishaal bint Fahd bin Muhammad, in leicht modernisiertem Steinigungsverfahren, mit sechs Kopfschüssen hingerichtet. Ihrem Liebhaber, Khaled Muhallal, wird das Haupt abgeschlagen. Es handelt sich um eine Urenkelin keines Geringeren als Ibn Saud selber, die Enkelin des ältesten seiner noch lebenden Söhne, des damals 67jährigen Muhammads. Khaled Muhallal war Neffe des Saudi-Botschafters in Beirut. In Abhebung gegen Romeo und Julia hieß es aus dem Ölreich: Ehebruch, und die beiden setzten dem Leben kein eigenhändiges Ende. Niemand lebte indessen in Ehe. Mishaals Gatte hatte sie verlassen, und Khaled war Zölibatär. Die Verbindung hatte keine Aussicht auf den unerläßlichen patriarchalen Segen, und beim Versuch, das Land zu verlassen, wurden die beiden auf dem Airport geschnappt. Nicht der Koran richtete, auch kein ordentliches Gericht. Von Zeugen, die rechtskonform den Sexualrapport zu bescheinigen gehabt hätten, wurde nie etwas bekannt. Großvater Muhammad, der Hausälteste, befand ganz einfach über sein Eigentum. Seine Befugnis, Khaled Muhallal dazuzurechnen, blieb unerläutert. König Khaled, tief bekümmert, und der damalige Kronprinz Fahd, äußerst verärgert, vermochten den älteren Bruder nicht zu bremsen. Das europäische Publikum zeigte profiliert Abscheu. Um den angekündigten Film fand es sich obendrein beinahe geprellt. Kaum erstmals gezeigt, wurde er von höchster Ebene eingezogen. Oder hatte er am Ende gar einen zahlkräftigen Käufer gefunden?

Das Klischee wäre bekannt: Mammon, dieser stinkende Götze des Goldregens, hätte die Söhne vollends auf den Hund und ihre inneren Schweine ins Ausland gebracht. In der Not, der Scham und der Ratlosigkeit, auch im Ingrimm darob, sei zu Hause der Strenge ihre wahre Natur als nackter primitivster Terror ganz plump aus dem Schleier gesackt. Verflucht! Mammon hätte allerorten das Parfüm über die Dämme treten und darin das Gebet, arg alkoholisiert außerdem, absaufen lassen. Wer zweifelte noch, daß zu Hause die Frauen nicht besser davonkommen als draußen im Puff?! Wäre sie nicht zu allen kultivierteren Zeiten in allen kultivierteren Ländern nur allzu bekannt gewesen, die Kehrseite all dieser tausendundeinen Rigorismen?!

Wartete man tatsächlich auf die Illustration durch die gottabgewandte Seite der Saudis? Die Seite, die Ibn Sauds großes vollendetes Werk in der Überfressenheit seiner Frühpensionäre nun nach oben kehrt? Und siehe da, dieses Land, großes Unglück ist über es gekommen! So auf arabisch. Doch die Weisheiten, die das fragliche Klischee abrundet, sind unsere Weisheiten.

Europas Kultur ist die Geburt des großartigen Lichts der Ägäis. Dieses Licht kehrte den Griechen nach außen. Da war kein Umhin, er mußte das Schöne außen, um sich erblicken. Es drang an gegen alle Sinne, allen voran gegen das Auge. Das Abendland blieb extravertiert. Die Innerei schnitt schlecht ab, blieb verfemt und mit ihr das an sich ganz unschuldige Schlüpfrige. Das Verlangen fixierte sich auf den Blick, jagte fortan nach der Haut und erklomm seinen Gipfel in der Enthüllung der Oberfläche. Der Blick hielt Distanz, das Auge blieb Hort des unsinnlichsten aller Sinne, es kennt keine Berührung. Die Religion des Abendlandes neigte früh zur Askese, zum Reinen und immer wieder zur Prüderie.

In der Wüste ist nichts. Nichts stürmt gegen die Sinne an. Die unendliche Leere lehrt Einkehr, Gebet, man erinnert sich. Es kehrt die Sinne nach innen. Der Sohn der Wüste wohnt nicht in der Außenwelt, in sich bringt er zunächst Ordnung, wie vorbildlich Ibn Saud. Die Reichtümer der Innenwelt verschließt er hinter zahlreichen verbotenen Türen. Und als Medium für die Indiskretion wählt er das Märchen. Es spielt in tausendundeinen Nächten. Auch dort steht's: Die orientalische Religion verstieg sich nie auf die wackligen Gerüste der leiblichen Enthaltsamkeit. Es gab nie zölibatäres Mönchstum. Selbst der Sufi, der vollends weltabgewandte religiöse Mystiker, ließ sich vor seiner Ekstase nicht hinhalten, entkrampfte den Leib auf die einfachste und zuverlässigste Weise. Wohlausbalanciert wohnt der Orient in seinen Leibern, und im Gleichgewicht untereinander kultivierte man auch das Ensemble der Sinne. Vor dem Auge, diesem Henker der Phantasie, verbarg man die Sache. Dafür sagte Ibn Saud: Parfum. Dieweil besetzten die Frauen des Daseins bedeutendste Zone: das Zentrum des Hauses, das Zentrum der Innenwelt. Die trägt man nicht auf die Straße. Man gerät sonst in europäische Konfusion, wie in Bangkok unter den Neckermännern.

Wichtig war immer: Man hatte zu tun. Und weil man nie darauf kam, Reichtümer zu schaffen, ging man sie dauernd erobern und schaffte sie heim, nach Hause. Nun sind die Saudis mit der Arbeit zu Ende. Man lud sie ein, sich auch in der weiteren Umgebung ein bißchen umzusehen. Das haben sie prompt getan, und auch ihnen hat das Licht der Ägäis eingeleuchtet. Sie genießen es jetzt in Marbella, Costa del Sol. Was war nun so neu? Gewiß, man eroberte nunmehr die Banken. Und sonst? Parfum: Es duftet noch gut in Marbella, das darf man versichern. Auch der Gaumen gelangt zu dem Seinen. Frauen? Hat man sie immer dabei? Na, so ganz pausenlos drängt das nun auch nicht. Notfalls geht man hinüber nach Tanger, wo die Übung von Jahrhunderten jung, knackig und noch kaum verwöhnt bereitliegt, fast wie im vorislamischen Mekka. In Tanger glauben sie außerdem dankbar und sehr geehrt, man käme ihrethalber direkt vom Grab des Propheten. Das ist von Bedeutung. Bleibt man ein paar Tage, nimmt man freilich in Marbella den Wagen. Woher der plötzlich nach Tanger kommt, fragt ja doch keine. Ein bißchen war's dort schon schmuddelig, macht aber nichts. Auch in Marbella stand unterm Prunk zuerst die Moschee. Man reinigt sich beim Gebet. Das steht an erster und auch an letzter Stelle noch mal. Der Europäer denkt dabei unwissend an Pflichten. Der Araber indessen kennt die höchste unter den Freuden des Lebens. Und desto eingeweihter genießt er die Süßen des Rests.

Malesch - Na dann halt

Emil war gestern auf der Werkzeugmesse. Welche Mühe hatte er sich doch gemacht, Hassan von seinem Kauf abzuhalten. Klar, er müßte einen Gewindeschneider haben. Doch da gab es die alten robusten, vollmechanisch gesteuerten, an Präzision hinter den neuesten um nichts zurück. Ein solcher hätte auch hier in Kairo alle Aussicht, ein Menschenalter zu überdauern. Zumal er auch hier recht leicht zu reparieren wäre. Aber nein, da ging nichts unter dem allerjüngsten Produkt, natürlich von den Japanern, in der Mechanik natürlich nicht europäische Spitzenqualität, dafür lochkartengesteuert. Jetzt kommt Emil direkt von Hassan. Hassans neue Errungenschaft, der vollelektronische Gewindeschnei-

der ... hat sich zuerst nicht geregt, kein Mucks. Da hat Hassan in Panik nebenan den Muhandis gerufen, den Ingenieur. Sie haben zusammen den Kasten dann sogleich aufgeschraubt und erst einmal tüchtig in seinen Eingeweiden gewühlt. Das hatte nicht den gewünschten Effekt, wieder und wieder nicht, und verbissen wühlten sie weiter. Abends haben sie dann doch von der Messe einen Firmenvertreter herbeigerufen, mit der Garantie in der Hand. Der schaute hinein, und natürlich war nichts mehr zu machen, das Gerät total demoliert, futsch. Nun sitzen sie wohl immer noch da und studieren mit dem Bruder von dem Muhandis, dem Mu'allim, dem Lehrer, die Garantie. Elektronik, davon habe er ja nie etwas verstanden, versichert Emil. Er habe gefragt, ganz leise, ob der Muhandis einen Phasenprüfer dabei habe. Nein? «Malesch» – macht nichts, keine Sache. Emil hat dann für den Test einfach die Tischlampe genommen: «Sicher dachtest auch du noch bis jetzt, auf der Steckdose, wo der Gewindeschneider hing, sei Strom gewesen?!» – Kairo ... – aber «malesch» – weniger wörtlich: na dann halt. Emil grinst grimmig. «Sie kaufen auch nächstes Mal wieder den vollelektronischen, an ihm lag es ja nicht.»
In der Werkstatt von Hassan hätte Emil soeben zum x-tenmal Sulzers Eignungstest für den Einsatz in den Entwicklungsländern mit Auszeichnung bestanden. Zwölf Jahre waren das jetzt, seit im Betrieb zu Hause die Psychologen mit dem Meccano-Baukasten ankamen. Auf jedem Tisch im Schulungsraum lag einer; in Fünfergruppen hatte man sich um sie zu verteilen. Zuoberst im Kasten lagen ein Inventar und ein Bauplan für eine Brücke. Emil kippte den ganzen Karsumpel auf den Tisch, mixte ihn kräftig durch, gelinde gesagt, denn er achtete sehr darauf, daß ein Drittel der Teile auch wirklich kaputt war. Was auf den Fußboden fiel, ließ er zunächst dort liegen. Inventar und Bauplan

landeten im Papierkorb. In der Nachbarschaft hatte man unterdessen schon angefangen, sich Pläne und Inventar reihum aus den Händen zu reißen, und man grapschte zu fünft und zu siebt emsig im munzigen Fächlein nach denselben drei Schräubchen. Emils Team baute entschlossen – nicht an der bestellten, aber durchaus an einer Brücke. Als erstes hatten alle die Taschen des Übergewändchens gekehrt, und was sie im Meccano-Haufen nicht fanden, griffen sie aus dem Leben. Schnüre, Streichhölzer, Bleistiftstummel, Kartonschnipsel und auch ein paar richtige Schrauben, Nieten und Nägel hatten den zweckentfremdeten Dienst zu tun. Die Betriebspsychologen ließen Emil kaum fertigbauen. Während ringsum weiter im Kreise die falsch montierten Teilchen, die anderswo fehlten, wiederum demontiert wurden, saß er mit seinem Team bereits in der Kantine beim Bier.

Basra, Irak, war Emils erster Bestimmungsort. Unweit des Gartens Eden, und fast tritt etwas von ihm vor Augen, wenn Emil von den phantastischen Euphratsümpfen erzählt. Mattsilbern sammelt der Rauch seiner Älplerpfeife sich um die so unarabesken Lüsterattrapen des Kairoer Edelrestaurants «Arabesque». Emils Blick verliert sich weit hinter mir in unbestimmten östlichen Fernen. «Hundertschaften von Störchen...» – bestimmt lauter verwandelte Kalifen, wie der berühmte Chasid im Märchen. Sie alle haben wohl weise dem vergessenen Wort auch die Suche nach ihm mitsamt dem Wunsch nach der Rückverwandlung in die Vergessenheit nachgesandt. «Mutabor»? Fraglich, ob Chasid, der Kalif Storch, und sein Großwesir, Storch Mansor, das rettende Wort noch einmal ausspräche, wenn Prinzessin Lusa, die Eule, es ihnen noch einmal sagte. Denn der neue Zauberer Mizra, der da nach seinem perfiden Coup der Verwandlung Chasids und

Mansors heute zu Bagdad herrscht, wird seinen Palast kaum wie damals noch einmal ohne Gegenwehr abtreten.

In Basra, am Schatt al-Arab, erhoben sich, als Emil sich niederließ, Eierberge. Unter der heißen Sonne faulten sie, denn mit den Eierbergen erhoben sich große Probleme des Eiertransports. Der Import der französischen Eierkartons war noch kaum ins Laufen gebracht. Emil war in der Montage einer Papierfabrik engagiert. Da dachte man, eigentlich ginge das auch im gleichen und installierte auch Maschinen für Eierkartons. Man startete sie für einen Probelauf, und ausgerechnet an diesem Tag brachte das Schicksal Besuch aus Bagdad, aus dem Ministerium der irakischen Industrie. Der integrierte Schneider war erst in Auftrag, und unter den leuchtenden Augen des hohen Besuchs entflossen die Kartons roh der Presse, zwei auf zwei Meter. «Wallahi! Die sind ja viel größer als jene kleinen, die wir von den Fransawin in Baris kaufen. Dort haben sie wohl nicht viele Eier. Was?! Schneidemaschine?! Das hier ist genau, was wir brauchen für unsere so vielen Eier!» In der Woche darauf erging aus dem Ministerium Order, Kartons von eben zwei auf zwei Meter seien zu produzieren. Die Schneidemaschine sei von den Aufträgen gestrichen und der Kartonimport aus Frankreich gestoppt. Emil ließ sich das Schauspiel ganz bestimmt nicht entgehen, als sich die Träger an die Eier machten. Zwei auf zwei Meter: zu viert mit zwei diagonal unterlegten Holzlatten.

Emil blieb bei den Arabern. Nerven hatte er mitgebracht, er imprägnierte sie alleweil mit seinem robusten Humor angesichts solcher technischer Fortschrittstragikomödien und mit dem bunten Lokalkolorit seiner heißfeuchten Arbeitsunwirklichkeit. Sulzer betraute ihn bald mit Großem, mit der Leitung der sanitären Installationsarbeiten im Kairoer Monsterhotel Ramses-Hilton. Einer der ägyptischen Ingenieure in Emils Belegschaft hielt sich einen Hund, eine ganz taufrische Extravaganz, fast der letzte Schrei in Kairos junger Möchtegernschickeria. Weil seine Frau zu Hause natürlich nicht auf den Hund aufpassen wollte, mußte er mit auf die Baustelle. Emil drückte bereitwillig ein Auge zu. Doch bald warf schon die ganze Belegschaft mit Steinen nach den paar Dutzend Gassenhyänen, die im Gefolge des exquisiten Günstlings der Kairoer neuesten Mode auf der Baustelle herumschissen. «Black» hieß der Hund, doch sein Name allein gewährte ihm keine allseitig respektierte Identität, auch er bekam ein paar Steine ab, und zweimal mußte ein halbes Dutzend Leute ihn suchen gehen. Emil brachte eine Dose Farbspray mit. Fortan war Black von Kopf bis Fuß hellgrün; Mohammed, der Teeboy, erhielt die Zuständigkeit für die Farbausbesserung. Und weil Mohammed den Tee immer viel zu früh vor der Pause schon aufgesetzt hatte – «I don't know time, Mr. Amilu» –, hängte ihm Emil einen jener fußballgroßen Wecker mit aufgesetztem Glockenspiel um den Hals und zog ihn dann jeden Morgen ganz auf.

Als nun die Superintendenten direkt nach Ankunft von Zürich die Baustelle des Ramses-Hilton betraten, in der Absicht, nach Emil zu fragen, trat ihnen ein zwei Meter hoher Nubier entgegen, vor der Brust einen Riesenwecker, an der Leine einen hellgrünen Köter. «Looking for Mr. Amilu?» fragte dieser Empfangsdelegierte die sprach- und fraglosen Herren Manager. Am folgenden Tag brachte Emil zum Frühstück einen alten Aluminiumhelm in die Sheraton-Cafeteria. «Geht in Ordnung», hatte er dem Superintendenten Bäggli am Telefon gesagt, als er den Auftrag erhielt, ihn mit «geringst möglichem Zeitverlust» durch seine sechs Termine zu transportieren. Draußen stand startbereit Emils zwanzigjähriger Ural. Hopp auf den Sozius, Helm auf, Aktenköfferchen zwischen Managerbauch und Emils kräftigen Rücken, gut festhalten, und ab geht die Post. Nie brachte Sulzer in Kairo so schnell seine Gespräche zu Ende.

Nun sind es bereits schon wieder ein paar Jahre, daß Emil selbständig ist. Er hat Großbauleitungen gemacht, zwischen Kairo und Aswan, von der Nilbrücke bei Luxor bis zur großen Zementfabrik in Kairos Industrievorstadt Helwan. Emil erzählt zuweilen immer noch gern aus all seinen orientalischen Jahren, und die Geschichten, die für seine Erfahrungen gut zu sein haben, hat er sich lange ausgesucht.

«Wie, auch du denkst schon daran, Entwicklungshelfer zu spielen?! Hast am Ende auch du eine dieser brandneuen, so unsäglich phantasievollen Ideen? Ich sage ja nicht, laß das bleiben, doch schau jetzt gut zu, wo du kannst. Frag einmal Franz, wie viele von seinen Bonner Kühen noch leben! Die kamen voriges Jahr, reichlich verspätet, aber sie kamen. In seinem Bundesamt oben hatte man von der Klage vernommen, die Kühe hier unten fräßen den ganzen Tag Nägel und anderen Rost, der da im Gras – ja, sagen wir Gras – herumliegt. Da zündete die Bonner Entwicklungsphantasie aus dem Stand ihre entzückende Idee. Warum nicht den Kühen einen kräftigen Magnet in den Pansen, der die üble Ware gleich vor dem Wiederkäuen schon einsammelt? Der würde den Kühen nichts anhaben, sicher viel weniger als die metallene Kost überall auf dem ganzen Verdauungsweg. Die Einpflanzung war kein Problem und eine Leerung alle paar Jahre auch nicht. Wunderbar! Das erste Hundert war rasch präpariert und zum Abflug bereit. Man hob ab. Bei der nächsten Gelegenheit schon mußte der Jet wieder runter. Irgendwas mit den Bordinstrumenten war nicht in Ordnung. Die Kontrolleure fanden keinerlei Quelle der Störungen. Alles war völlig intakt, funktionierte auf dem Boden auch ganz einwandfrei. Man flog weiter, doch kaum in der Luft, ging's wieder los wie zuvor. Man ging wieder runter, noch zweimal das gleiche Spielchen. In dieser Verhexung blieb nichts, als sich durch die alte manuelle Navigation gründlich zu sichern. Schließlich kam man doch noch glücklich in Kairo an. Die hundert Kühe stiegen aus. Auf dem Rückflug waren alle Störungen wie von Geisterhand behoben, keine Spur, daß da etwas gewesen sein könnte. Erst jetzt, als man die Kühe los war, kam die Bonner Entwicklungsphantasie auf den Gedanken, daß... ja herrgottsack! – hundert kräftige Magneten an Bord... Gut, liefen nicht auch schon die Kühe auf mikroelektronischer Steuerung! Die Kühe, da hatten sie natürlich solche hochgezüchteten Prachtsviecher ausgewählt, Supermilchlieferanten, äußerst pflegeintensiv, hochgradig umweltsensibel und und und... Man brachte sie, wie vorgesehen, in jenes Dorf bei Fayoum. Gemolken werden durften sie dort nur von Frauen. Franz und seine Kollegen vom Bonner Amt konnten das nicht überwachen. Die Frauen mögen gestaunt haben ob so viel Milch, die tranken sie ja gar nicht alle. Sie nahmen, soviel sie eben gewohnt waren zu nehmen. Man brachte sie nicht dazu, die Kühe alle auch sauber auszumelken. Am Futter lag wahrscheinlich nicht soviel. Aber nach ein paar Monaten waren die meisten krank, die ersten gingen ein, und die nächsten auf der Flucht vor demselben Schicksal ins Schlachthaus. Malesch, man kann sie essen, solange sie nicht aus eigener Initiative gestorben sind.»

Immerhin, eine Brücke ist eine Brücke. Darüber geht man und fährt man, etwas sicherer oder weniger sicher. Sie hält weniger lang oder länger. Dafür tut man etwas, allenfalls, oder auch weniger, man kann das dann sehen. Zementfabrik? Emil schlägt eine Bestellung von 2000 Fäusteln vor. Die Produktion liefe gemäß Projekt mit einer Belegschaft von 80 Leuten, 1100 haben sie eingestellt. Am einfachsten ließe man die einfach Steine zu Pulver klopfen. Auch so sei schon zwei Jahre nach Inbetriebnahme die Sauerei um die Fabrik und in ihr so enorm gewesen, daß man zur Aufräumung ein koreanisches Elitekorps habe einfliegen müssen. Malesch, es gibt ja solche koreanischen Trupps.

Malesch. Doch Emil ist ganz und gar nicht der Typ der zynischen Häme. Ihre permanente Selbstüberbietung ist die bittere und traurige Arznei, welche sich die okzidentale Expertenkolonie gegen den unverdauten Kulturschock täglich verabreicht. Trennung und Heimweh, Weh und Ach des Konsumverzichts, die Beschwerlichkeiten und Zeitaufwände der simpelsten Umwelterkundung, die verdrießliche Langeweile ob der durch tausend Umstände behinderten oder aufgehaltenen Arbeit, die Frustration ob der unerschöpflichen Raffinesse behördlicher Selbstaustricksungen, alles das zehrt. Grimm und Gram flüchten sich in einen Galgenhumor, der sich ohne Ansprüche gierigst über den erstbesten Stoff hermacht, nämlich über die Einheimischen, und alsbald in den widerwärtigsten Rassismen das Naturell seines Dünkels und Größenwahns ins grellste Licht rückt. Nicht distanziert makaber, erschlagend direkt, betäubend kraß – Grauen, nicht Schauder. Gas, Ofen, Asche als Witz; Gelächter von Kreissägen.

Klar, es ist wirklich kaum auszuhalten. Man muß zugeschaut haben, wenn im Sheraton ein Halbdutzend einheimische Unterhalts«ingenieure» zwanzig Minuten über die Ursache des Rohrbruchs die phantasievollsten Spekulationen durchdiskutieren, jeder gleich fern vom Gedanken, den Haupthahn zuzudrehen; und man muß den verantwortlichen auswärtigen Dienstchef verstanden haben, wenn er vom Einkaufen zurück ist. Man muß es mitangesehen haben, wie die einheimische Hoheit den Kleinen behandelt, unerreichbar für europäische Imitation. Man muß ausgiebig gelitten haben unter der unausweichlichen Alternative: das Gegenüber als Dreck behandeln zu müssen oder selbst zum verheerenden Nachteil der Sache von ihm als Dreck behandelt zu werden. Ein Dokument, ohne das nichts geht und das einem rechtens nicht verweigert werden darf, einzig in einem Auftritt größenwahnsinniger Herablassung zu erhalten oder es nicht zu erhalten. In der Not einer Panne die Hände sauber und so auch sein Gesicht zu wahren oder die Not zu beheben und mit der Reinheit der Hände des feinen Herrn auch sein respektiertes Gesicht zu opfern. Es ist wirklich kaum auszuhalten. Doch der auswärtige Witz darüber ist schlechterdings nicht auszuhalten. Der Zynismus, darauf aufmerksam gemacht, höhnt: Siehst du, sie sind ja selbst alle viel schlimmer noch, als ich es je zu werden vermöchte. Ach so. Aber so schlimm wie die Rechtfertigungen dieses Zynismus können sie hier gar nie werden.

Hingeschaut hat der Zynismus nie. Er hat kaum je zwei aufeinanderfolgende Freitage. Auch am Kairoer Feierabend hat er nichts von Ägypten erkundet, sondern im Klub, im Kino der Deutschen Schule oder im Chalet Suisse seine Fäden zum heimatlichen Gestade gestärkt. Er ist schon im Bild, wenn er am Abend des ersten Ferientags wieder daheim unter den Seinen vorm Fernseher sitzt. Wenn er nicht wie vorletztes Jahr auch dieses wieder nach Bangkok geflogen ist.

Was war es doch hier gewesen, das die «eingeborene» Kultur in dieses Chaos geführt hat, welches die «Eingeborenen» jetzt nur neuerlich als Natur hinnehmen können? Hatte sich nicht immer wieder unser Markt als zu klein erwiesen? Von der Natur allerdings lernt der Ägypter und nicht nur der Ägypter sehr schnell, und auch Emil hat hier sofort begriffen, daß Kairo, morgen urplötzlich mitteleuropäisch bevölkert, übermorgen zusammenbräche. Emil weiß, wo er lebt. In Ägypten und mit Ägyptern arbeitet er, in ägyptischem Auftrag. Nicht einmal die ägyptische Zahlungsmoral hat ihn davon abgebracht. Emil weiß um die paradiesischen Weiten des Landes und des orientalischen heißen Herzens. Früher fuhr er mit der Ehefrau im Seitenwagen Ralleys. Heute reitet sein 18jähriger Sohn auf seinem Araberblut 100 Kilometer allein durch die Wüste zur Oase Fayoum. Zum Skilaufen ging Emil immer in die mächtigen Dünen an der Wüstenstraße nach Ismailia.

Im Orient ist Dasein nicht per se eiserne Pflicht zur unausgesetzten Effizienz, und Gelassenheit ist nicht immer äußerste Anspannung zur gelingenden Selbstüberwindung. Der Schweizer Geschäftsträger bekam heute wieder einmal ein schlechtes Nachrichtchen vom Boten des Außenministeriums. «Verzögerungen, Sir, Verzögerungen.» Mit der höflichsten Bitte um Nachsicht, Verständnis. «C'est dommage», wollte der Schweizer Geschäftsträger sagen. «C'est malesch», sagte er. «Malesch», kommentiert er heiter das Geschichtchen von seinem peinlichen Versprecher, «ich glaube, allmählich kann ich auf Akklimatisation hoffen.»

Amon - Die Sonne

Hat Mohammed den Schlüssel nicht bei sich? Oder die Lampe? Nein, er geht seine Brüder rufen, sagt er. «Warte hier!» Will Mohammed nicht mit mir allein hinab in das Grab?

Aus den Gräbern von Tut-ench-Amon, von Nofretete und von Ramses haben die alltäglichen Hundertschaften von Besuchern die Geister ausgetrieben. Hier, für die Ruhestätte von Echnatons Kellerer, ist das Interesse gering. Die Kultur beschränkt ihre Aufmerksamkeit für den Bauch zu oft auf den eigenen. Auch wenn bereits für Echnaton gegolten haben muß: Mens sana in corpore sano, und sein Keller angemessene Pflege und Verantwortungsbewußtsein verlangte.

Das Auge verlangt nach üppiger Kost, und seine Unersättlichkeit ist auch nicht durch Klarheiten zu besänftigen. Die Klarheit, das Einfache in den abzählbaren Figuren an Grabwänden von Kämmerern, von Kellerern und von Stallmeistern lasse unserem Auffassungsvermögen eine Chance, nicht wie die Myriaden von Nippes in Königsgrüften. Mein Freund Andrew hatte mir das eingeschärft, der archeologist aus Toronto. Es seien die damaligen Alltagstechnologien, auf deren Spuren heute die Erkenntnis lauere. Von einem Schöpflöffel verspräche man sich da mittlerweile mehr als von allem Thronschmuck. «Dem entnimmst du nicht, wie man Feuer machte.»

Da kommen die vier halbwüchsigen Nilfellachen, angeführt von Mohammed, so heißt unter Brüdern der älteste. Eine Lampe trägt keiner bei sich. Jeder hat einen Karton unter dem Arm, etwas kleiner als ein Verkehrsschild, bespannt mit alter zerknitterter, notdürftig geplätteter Alufolie. «Ein Schlüssel?» Mohammed lächelt. «Dieses Grab hat kein Schloß.» Er zieht die Tür auf, und die zwei Jüngsten steigen zuerst die steilen Stufen hinab. Mohammeds rechte Hand, der vierte, hat draußen seinen Karton in Position gebracht. Er erleuchtet den Abstieg heller als jede Handlampe im Handel. Einige Meter tiefer, wo die Stiegen spitzwinklig wenden, kauert einer der jüngeren beiden sich hin, den Karton vor der Brust. Der andere stellt sich ganz unten in die Ecke und gibt das Licht hinein in die Grabkammer. Dort nimmt Mohammed, nun an der Spitze, es ab und leuchtet, aus geringer Distanz, Spanne für Spanne die Wand entlang. Die Farben auf dem Sandstein antworten unmißverständlich: Das ist kein Kunstlicht. Ein guter Spiegel liebt es, das Licht, und so, wie er es in sich aufnimmt, gibt er es ganz wieder frei. Auf Wunsch auch geballt, denn Mohammeds Karton ist biegsam. Der Lichtkegel streckt bereitwillig seinen Radius und gleitet vor uns über den Boden, wenn wir zwei, drei Schritte weitergehen. Dann zieht er den Kreis auf der Wand wieder enger. «Siehst du gut?» fragt Mohammed. Ja, ich sehe sie gut, die Weintrauben für das große Fest Amons.

Die Götter – sie seien Astronauten, hat v. Däniken angeregt, oder immerhin waren sie es, da ja sterblich. Obgleich sie vor Ankunft sehr beeindruckende Räume – und in ihnen auch Zeiten – durchmessen haben müssen. Der Nil belebt außer der Wüste auch die in solchen Dingen unerläßliche Phantasie. Und die Monumente am Nil mögen sich diesen zum Vorbild genommen haben, denn wie auf dem Nil liegt um sie ein feiner jenseitiger Schleier, ein kleines bißchen Ahnung von dem Format des Ewigen. Entstehen und Vergehen berühren es kaum. Wenn kosmische Zeit irgendwo in Kultur einen Niederschlag gefunden hat, dann am Nil. Dessen eingedenk, glaubten sich die Pharaonen selbst mit Astronautik befassen zu müssen. Das beweisen ihre Schiffbauanstrengungen für die Jenseitsfahrten. Schon die pharaonische Entrückung zu Lebzeiten war ganz frei von säkularen Motiven. In dieser Entrückung sind sie am Nil durch Jahrtausende sitzengeblieben, ehe man ihren Umzug nach Abu Simbel organisierte. Dort sitzen sie weiter, und das kolossal. Amenophis, auf seinem Steinsessel bei Luxor, sang einst täglich zur Begrüßung der aufgehenden Sonne, bis die Römer ihn restaurierten und seine Risse ausfugten. Als unweit, wie das Gerücht geht, in den alten Dampfloks der Staatsbahn von den Nachfahren zahlreiche Mumien verheizt wurden, mangels Kohle, da war kein Zweifel übrig, daß nun die technologische Assistenz aus dem All weg und in dessen Tiefen steckenblieb. Wirklich anders als früher?

In die Dunkelheit der Grabkammern von Cheops und Chephrens Pyramiden sei man ohne Elektrizität nicht vorgedrungen, denn für Fackeln habe der Sauerstoff nicht ausgereicht. Mit dem Spiegel aber können v. Dänikens Extraterrestrische nicht ausgeholfen haben, das hätte wohl ihre Unverzichtbarkeit untergraben. Gespiegelt hat man wohl zu lange schon eigenhändig und vielleicht auch hinab in die berühmten Grüfte von Gizah. An Technologien, soviel ist gewiß, kannte man damals allerhand. Daß in Ägypten auch Götter am Werk waren, dem hätte Echnaton nicht widersprochen. Genauso wie aber das Ewige nur eines ist, berichtigte er: so groß wie Gott könne nur einer sein. Der hat nicht erst kommen müssen. Er war schon da und ist auch geblieben. Amon war sein Name, und er war die Sonne.

«Hast du alles gesehen?» fragt Mohammed. «Ja. Das Licht war gut.» – «Hamdulillah!» sagt Mohammed, «gottlob!»

Und wenn auch Echnaton nicht gestorben ist, dann lebt er heute noch – mit aller Wahrscheinlichkeit – in Ägypten, nämlich am Nil.

Sahafiyen - Zwei Journalisten

Drei weitere kleine Ägypter jede Minute. Macht 1,5 Mio. jedes Jahr. 50 Mio. jetzt, das Doppelte in 25 Jahren? Doch Ägypten will jetzt seine Geburten kontrollieren. Will es? Wollen die schon Geborenen 50 Mio.? Das Regime sieht sich von allen Seiten ermahnt wie alle größeren Finanzhilfebezieher mit explodierender Bevölkerung. Also veranstaltet es einen Kongreß für Empfängnisverhütung, für Kontrazeption, orale und andere, vor allem natürlich pharmazeutische. Der Kongreß findet im Mena-House Oberoi statt, dort wo Sadat und Begin um den Sinai und vermeintlich um palästinensische Selbstbestimmung feilschten. Ägypten läßt sich hier heute nicht zum erstenmal düpieren. Geladen sind im-

merhin nicht nur Pharmakologen, auch Ärzte, sogar Sozialmediziner. Produkt um Produkt, Nachteil um Nachteil, Vorteil um Vorteil, in Rede um Rede, Stunde um Stunde. Überträgt das Fernsehen? Nach letzten Erkenntnissen aus dem benachbarten Sudan erschiene die Probe doch eventuell lohnend. Man hatte dort doch eben erkannt, daß der Werbespot für das Tempotaschentuch kräftig den Schnupfen propagiert. Denn als gesellschaftlich zumindest ebenso fein wie das Taschentuch gilt nun der Schnupfen, die Voraussetzung für dessen Gebrauch. Und Pillenkonsum zeugt ganz allgemein von Stand. Doch was da im einzelnen über den Schirm flimmerte, war nicht so konkret von kontrazeptorischem Belang. Man hatte ja auch erkannt, daß der Vormarsch des TVs in Afrika da und dort der einzige nachweislich geburtenhemmende Faktor ist – soweit da etwas «nachweislich» genannt werden kann. Man sitzt ausgiebig um den Kasten, und die Kommunikation aus der Ferne frißt viel von der Zeit zur Kommunikation in die Nähe. Man hätte auch davon im TV berichten können. Oder davon, daß Geburtenkontrolle durch pharmazeutische Kontrazeption nur in Gesellschaften effektvoll sein kann, wo die Bevölkerungsexplosion bereits gestoppt ist. Wenn im Mena-House von derlei die Rede gewesen wäre.
Ich ärgere mich über die Referenten. Die sind es doch, welche es wirklich besser wissen müßten. Den Veranstaltern Verantwortlichkeit zuzuweisen, fällt mir nicht ein. Doch Rajiv Svitashi denkt, wer regiert und verwaltet, verantwortet, und Rajiv wettert direkten Wegs über die Veranstalter. Rajiv Svitashi ist amtlicher Korrespondent von Radio Bangladesh. «Die Regierung kennt ihr Volk nicht. Sie fragt Experten, Pharmavertreter von Multis. Und auch bei euch in Europa: Wenn der französische Präsident Giscard damals den Metrotarif von Paris nicht kannte, hätte das ihn die Prä-

sidentschaft kosten müssen ... Real bullshit!!» wütet Rajiv in der Lobby, «Kontrazeption – Himmel! – es gibt nur Belohnung! Die Leute müssen spüren, daß ihr einziger ‹Reichtum›, der Kindersegen, ihre Armut vergrößert. Man kann es sie nur spüren lassen, indem man die Armut derer, die einhalten, spürbar lindert. Mit einem Radio oder so, und das für die Sterilisation nach dem zweiten oder dritten Kind. Kontrazeption ... Hast du die Broschüre des State-Informationsservice über Geburtenkontrolle gesehen? Es steht nichts drin!» Rajiv hat auch schon an der letzten Pressekonferenz des Landwirtschaftsministers kein Blatt vor dem Mund gehabt, hat sehr entschieden dafür votiert, es sei immer noch besser, wenn den Leuten die Schafe daheim auf dem Land eingingen als unter Kairos Bussen. Der Zustrom könne nicht anhalten. Er meine es wörtlich: k ö n n e nicht anhalten. Aber die Jungen würden wie immer und überall heute alles Wichtige selbst lernen müssen, von den Alten sei wenig mehr zu erwarten. Dafür gehe heute alles sehr viel zu schnell.

Wir fahren im Bus in die Stadt zurück. Von Anfangs- zu Endstation einer Linie geht das ganz gut. Unterwegs ist dann oft der einzige Ausgang das Fenster, und hinein gelangt wirklich nur, wer gar keine Wahl hat. In Kairo trifft man unter hundert Europäern keine zehn, die je in einem städtischen Bus gefahren wären. Er stoppt abrupt – und hinten kracht's fürchterlich. Der Fahrer steigt aus, alles zwängt sich ihm nach. In der Mitte nach oben geknickt klemmt ein kleiner Peugeot zwischen dem Bus und einem Armee-Lkw. Nur ein Rad vorne berührt noch den Boden. Die drei Insassen sind glücklich aus dem Wrack heruntergesprungen. Die Gafferschaft drängt sich beidseits von hinten enger und enger. Das Benzin rinnt aus den Rissen des Tanks das Chassis entlang nach vorne, wo nach wie vor der

Motor läuft, in beängstigend zunehmenden Quälmen. Rajiv schreit: «qif al-mutur!!» – stellt ihn ab! – «geht weg!! Ya abna l-kalb! – ihr Hundesöhne!» Der Hund hält in diesem Fall in Ägypten nicht her für Gemeinheit und Niedertracht, nur für das Tölpelhafte des arg überforderten Durchschnittsschlaumeiers.

«Bismillah!» weist einer mit dem Finger nach oben zum Himmel. «Und groß ist er!» fährt Rajiv ihn an. «Doch vielleicht explodiert gleich der Karren, du Dummkopf!» Ich ziehe Rajiv am Arm weiter, «komm zum nächsten Busstopp, bevor alle dort sind!»

Rajivs unumwundenes Beispiel tut wohl, entkrampft. Es führt die Unbill ab, deren Entladung im aufgeklärten europäischen Beschauer so stark gehemmt ist. Wir sind immer noch in der Entwöhnung vom Urteil, welches ohne Rechtfertigung oder auch ganz unbemerkt von unserer Kultur auf andere schließt. Man hat – und Zeit war es – den Eurozentrismus in unserem Weltbild entdeckt. Mit gutem Grund behaftet uns seitdem der Vorwurf ganz ohne Schonung und erspart unserer Selbstprüfung nichts. Leicht hat es in dieser Lage der kompromißlose Relativist, die Totalabstinenz von jedwelcher Wertung. Im Terrain ist sie nicht haltbar. Dort urteilt jeder. Doch er halte beflissen die lückenlose Begründung bereit, inklusive einer perfekten Selbstanalyse aller seiner verstrickten Motive. Das ist oft mit Strapazen verbunden, und diese erhöhen nun die Strapazen des unverdaulichen Eindrucks. Den Lauf der Tirade verstopft ein erbittertes Schweigen, zäh, bis dann doch auch das Zähneknirschen erlahmt und der Grimm sich in Erschöpfung betäubt. Gut Nacht! – «Tisbah ala chair!» – «Find gut in den Morgen!» Da liegt die Aufklärung im Bett, weich in den Knien und Sturm im Kopf vom Abstieg aus der so hochgetriebenen Selbst- und Fremddistanzierung ihres analytischen Leucht-

und Wachtturms. Tags war sie ganz nur Ohr, Auge und Tatsachenfrage, nun fällt sie in einen schweren traumlosen Schlaf – vier Stunden unbeschallt vom Verkehr. Rajiv ist nicht herab-, sondern herüber-, sogar heraufgekommen. Er sagt ihnen hier nun, was er denkt. Er leidet dafür nicht am überanstrengten und so schrecklich gequälten Witz der Abgesandten aus der hochindustriellen Welt. Für Rajiv ist die Eurozentrismuskritik eine europäische Angelegenheit, und rügt einer Rajiv mit ihren Argumenten, dann ist das eurozentrisch.

Mann und Frau in der arabischen Welt: Ich räumte mir lange Zeit gar keine Befugnis zu Urteilen ein. In Diskussionen hatte ich mich stets aufs Fragen beschränkt. Wir selbst, in unserer eigenen so ruhmreichen Geschichte, hatten es auch nie für nötig befunden, uns bei höher fortgeschrittener Stelle über Zulässigkeiten und Verwerflichkeiten unserer Lebenspraktiken zu erkundigen. Doch Rajiv hatte mich nachdenklich gemacht, und inzwischen hatte ich mit Diob, einem jungen Senegalesen, eine Zeitlang seine Wohnung in Damaskus geteilt. In unseren Diskussionen war ich nicht mehr darum herum gekommen, mich manchen von Diobs Urteilen anzuschließen. Für den Flecken, an den es Diob verschlagen hatte, galt ohne Zweifel: Die Männer, was immer man sonst von ihnen halten mochte, ihre frauenverächterische Selbstgerechtigkeit war üppig und prall. Die besseren Bürgerstöchterchen, die im mondänen Zentrum Umgang im Freien hatten, ließen sich währenddem arg viel gefallen, und die Hühnchen taten das einfach zu oft auch ganz ohne Zwang. Doch hatte man und frau sich hier nun von uns unterweisen zu lassen? «Wie sie wollen», sagte Diob.

Vor der Mugamma, Kairos riesigem Immigrationsoffice, steigen wir aus dem Bus. Ich wünsche Rajiv einen schönen

Abend. Etwas von seinem Groll begleitet mich bis nach Hause. Die Pension hat Besuch von fünf ägyptischen Matronen, aufgedonnerten Händlers- und Kleinbürgerfrauen. Ich habe mich heute schon beim Frühstück gewundert. Was tat das bunte und heiter lärmende Häufchen der fünfzehn kleinen Tamilinnen hier bloß? Ihr helles Gekicher widerhallte in allen Fluren, die Ambiance in der Pension war völlig verändert, männiglich von der Fröhlichkeit angesteckt, fast trällerten auch die Katzen und Hunde. Die Mädchen waren alle schlicht, aber sorgsam gepflegt, und in den vollen Farben ihrer sittsamen Kleidchen erschien der Zug wie auf dem Weg zur Kirchweih. Sie waren alle so zwischen dreizehn und siebzehn, nur eine mochte schon über zwanzig und allem Anschein nach eine Betreuerin sein. Inzwischen hat sich zu dieser ein Ceylonese mittleren Alters gesellt, im Nadelstreif und mit Krawatte. Die fetten ägyptischen Gumseln greifen sich die Mädchen aus der nun verängstigt dichter gedrängten Schar, tatschen ihnen die Schenkel entlang, riechen an ihren Achselhöhlen, ziehen an ihren Haaren und schauen ihnen in den Mund. 250 Pfund für zwei Jahre, knapp 500 Mark. Ein paar Tage wird das elende Geschacher hier dauern.
Abrahim spielt währenddes mit Yunis an der Rezeption Schach. «Kairo hat zu wenig Ägypter!» sag ich zu ihm. «Weil hier die Väter ihre Töchter nicht als Dienstmädchen arbeiten lassen, kauft man sie in Sri Lanka. Außerordentlich respektabel!» – «Das ist nicht für deine Augen», sagt Abrahim leise. «Ich habe es gesehen», versetze ich merklich lauter, «und all die Jahre habe ich den Lärm gehört, den das so ‹kultivierte› Ägypten über die ‹unzivilisierten› Nachbarn macht. Erinnerst du dich an Nasser, als der abtrünnige Saudiprinz Tallal demonstrativ seine Sklaven in die wunderbare Freiheit Ägyptens entließ? Wie die Medien sich über die

‹feudalen Barbaren› der Halbinsel hermachten?! Gewiß, das Schicksal der Fabrikspinnerinnen, die, statt in zehn Jahren sich zu verkrüppeln, im Golf in einem Harem landen, ist fürchterlich!» Ich gerate in Fahrt. «Und die Tamilenmädchen bei euch hier in eurer religiösen Bigotterie? – Keiner hat je behauptet, im volksdemokratischen Südyemen sei mit dem Sozialismus das Paradies ausgebrochen. Doch unterdessen zerstampft hier Mubarak weiterhin leere Coladose um leere Coladose auf den Bergen der Sadatschen, und mit zugehaltener Nase gibt er sich nobel über die ‹unzivilisierten Tyrannen› in Aden pikiert. Er hat tatsächlich allen Grund, sich die Nase zuzuhalten! Bloß – was ist es, was da stinkt?» – «In eurer Welt könnt ihr das nicht verstehen», winkt Yunis ab. «Ich kann es verstehen, das heißt: erklären kann ich es mir. Doch es bleibt ekelhaft. Sicher, unsere Welt hat euch beigebracht, das höchste Gut sei das Konsumgut. Wie lange kauft ihr das euren Zwischenhändlerregierungen noch ab? Nachdem ihr ja längst gut genug wißt, für wessen Konsum das Gut gut ist. Es ist der Geldscheißer im Cadillac, der eure Träume vom Cadillac verarscht und euch an seinen Müll versklavt. Schon bevor und auch noch lange nachdem ihr es merkt, fällt euch nichts anderes ein, als die widerwärtigen Zwerge über euch möglichst scheußlich zu imitieren. Ob das Europäer oder eure eigenen Lackaffen sind, ändert für euch wenig, solange ihr selbst gar nichts wollt, außer einer der ihren zu sein. Und solange wollt ihr bestimmt nicht, daß irgendwas anders wird, als es ist.» Doch plötzlich erschrecke ich ob meiner Tirade. War ich ihr Gast? Keiner sagt etwas, selten ist so viel Vertiefung über dem Schachbrett. Ich gehe aufs Zimmer und hinaus auf meinen Balkon. Er ist doch eigentlich nicht so sehr meiner. Ich hab ihn gemietet, fast zum Touristenpreis. Und ohne mein Geld hier in Kairo? Ich denke wieder an Rajiv.

Und höre Yunis fragen: «Wäre in Kairo nicht jeder gern Journalist? Am besten in einem fernen Land, das er im Auftrag seines eigenen scharf kritisieren und damit sein Geld verdienen kann?»

Al Wahat Al Quswa - Die äußerste Oase

Im Jahre 1712 wollten die Östler eine der Straßen zu ihren Hainen verbreitern, denn sie war zu einem Engpaß geworden. Das Gewohnheitsrecht im Städtchen Shali schrieb vor, daß die Östler sich zuvor des Einverständnisses der Westler versicherten. Die Mehrheit der Westler willigte aber nicht ein, aus Trotz, weil derzeit die Autorität über die Oase bei einem Östler lag. Die Westler beharrten auf überrissenen Bedingungen, die für die Östler sehr demütigend waren. Doch die Östler wollten Frieden und boten den Westlern alle geforderten Entschädigungen. So schürten sie die Arroganz und die Aggressivität der Westler. In gröbster Mißachtung der elementarsten Traditionen Shalis drangen diese nächtens in die Haine der Östler ein und verwüsteten sie. Sie glaubten, das Motiv des Entgegenkommens der Östler sei Furcht. Sie wähnten den Machtwechsel in Griffweite und machten eine friedliche Lösung des Konflikts unmöglich, bis auch für die drei Familien der Östler, die gemeinhin auch «at-Takhsib» – die «Offenherzigen, Friedfertigen» – genannt wurden, der Kampf unausweichlich wurde. Von den vier Westlerfamilien – genannt «al-Lafayah», was ungefähr das Gegenteil von «takhsib» heißt – hatten nur drei ihren Sitz in Shali, und ihre drei Sheiks zogen nun zur Konsultation hinaus nach Aghurmi, wo über römischen Trümmern der vierte residierte, Sheik Ahmad al-Hajj Omar. Dieser aber kritisierte die Haltung und das Benehmen seiner Bundesgenossen in Shali scharf und weigerte sich, im Kampf seinen traditionellen Posten zu beziehen. Als in der Folge seine eigene Familie sich zu spalten drohte, ließ er sich schließlich umstimmen und verpflichtete sich zur Teilnahme am Kampf, unter zwei Bedingungen: daß auch die Westler sich alle wieder strikt ans Gebot des nächtlichen Waffenstillstands hielten und daß der Kampf bis zur eindeutigen Entscheidung gekämpft werde, kein Westler sich ihm durch Flucht entzöge.

Die Östler hatten sehr schnell die Oberhand, und bald rannten alle Westler um ihr Leben, auch die von Aghurmi, ohne sich auch nur um ihre Verwundeten zu kümmern. Nur einer kämpfte weiter, verweigerte Flucht und Kapitulation: Ahmad al-Hajj Omar. Und große Bewunderung erfaßte die Östler, sie warfen Ahmad al-Hajj Omar ihre Waffen zu Füßen, küßten ihm Hände und Haupt und erklärten ihn zum Helden des Tages. Sie offerierten ihm eine ihrer Töchter nach Wahl und luden ihn ein, als einer ihrer Sheiks unter ihnen zu leben. Er akzeptierte die Heirat, doch nicht den Wechsel des Lagers. Er baute sich ein neues Haus zwischen

Aghurmi und Shali und lebte dort 17 Jahre in fast vollkommener Abgeschiedenheit. Bis die Söhne der Westlersheiks seine Verzeihung erwirkten. So berichtet die Handschrift von Siwa die kleine Episode aus den jahrhundertelangen Hegemoniekämpfen zwischen den Westlern und den Östlern. Die Familie des religiösen Richters Abu Musallim hat die Chronik der Oase bis auf den heutigen Tag weitergeschrieben, nachdem vor rund hundert Jahren Abu Musallim sämtliche mündlichen Überlieferungen und Literaturquellen gesammelt und schriftlich niedergelegt hatte.

Siwa war seit der Antike ohne Unterbruch besiedelt. Die ursprüngliche Einwohnerschaft der Siwiyin gehörte zur östlichen Berbergruppe der Zanatah-Stämme, die sich mit westlichen arabischen Beduinenstämmen mischten. Alexander hatte 331 v. Chr. die Oase und das berühmte Orakel im Amon-Tempel besucht. Ihm und dem altägyptischen Sonnengott Amon gehörte die Devotion der Siwiyin. Vielleicht hatten Justinians Missionare ein paar vergängliche christliche Erfolge, ehe gegen Ende des letzten Jahrtausends die Oasen der libyschen Wüste islamisiert wurden. Erst 1820 brachte ein Feldzug Muhammed Alis Siwa unter die Hoheit Kairos.

Religiös blieb sie bis in unser Jahrhundert gänzlich von den Einflüssen der cyrenaikischen Sanussiyin dominiert, der Bruderschaft der Großväter des späteren libyschen Königs Idris.

Keine 100 Kilometer sind es von Siwa bis zur libyschen Grenze, und die Oase Jaghbub liegt nur 30 – 40 Kilometer jenseits des Übergangs. Muhammed as-Sanussi hatte dort um die Mitte des letzten Jahrhunderts eine islamische Universität aufgebaut, die zu jener Zeit in Nordafrika einzig hinter der Kairoer Al-Azhar zurückstand. Die nächsten ägyptischen Nachbarn leben im Mittelmeerhafen Marsa Matruh, in der über 300 Kilometer nordöstlich entfernten Provinzhauptstadt; und in doppelter Entfernung liegen die nächsten anderen Oasen der westägyptischen Wüste. Siwa liegt heute tief im militärischen Sperrgebiet der ägyptischen Grenze zu Libyen, welche seit Beginn der siebziger Jahre die undurchlässigste in der arabischen Welt ist. Erst seit kurzem werden an Auswärtige wieder Sondergenehmigungen zum Besuch der Oase erteilt.

«Wie, Sie haben... äh – Sie nehmen nicht Ihren Wagen?!» fragte schockiert Madame Maryam im Kairoer Pressezentrum, als ich dort mein Gesuch um die Reisegenehmigung deponierte. «Sie reisen – ...» – «Unter den Dingen, Madame, von denen man sich in einem fremden Land eine genauere Vorstellung verschaffen muß, gehört der öffentliche Verkehr zum Ersten und wirklich Elementaren. Man kann nicht ein Land kennenlernen wollen, indem man im eigenen Auto von Sehenswürdigkeit zu Sehenswürdigkeit reist. Man muß mit den Leuten des Landes reisen.» Madame Maryam nickte zögernd, sie finde das eigentlich einleuchtend, doch schon ziemlich ungewohnt. Sie müsse das den lokalen Behörden mitteilen. Nein, Probleme sehe sie eigentlich keine. Es würden ja jetzt, seit die Straße endlich bis in die Oase geteert sei, Busse nach Siwa fahren. Man fände mich dort dann schon, es fahre nur einer täglich.

Es ist schon eine Weile stockfinster. Der Bus wird wenige Kilometer vor dem Städtchen gestoppt. Ob Mister Schursch, der Sahafi swissri, drin sei? Ob ich nun genug Bus gefahren sei und gesehen hätte, was ich sehen wollte? Und es mir nun genehm sei, in den Landcruiser umzusteigen? Zum nächtlichen Empfang beim Bürgermeister Kassem Gabr sind auch die drei höchsten Offiziere der Einheiten in der Oase geladen. Man wünscht von Herzen, daß ich angenehm gereist sei. Wie lange der Bus für die 700 Kilometer von Alexandria jetzt brauche? Das wüßte ich nicht, ich hätte der Meldeformalitäten halber in Marsa Matruh Station machen müssen, und dort sei ich gestern um Mitternacht im Zug eingetroffen. «Gott! Im Zug! Niemand fährt damit weiter als drei Stationen! Bald wird wahrscheinlich die Linie eingestellt.» – «Davon hörte ich, darum bin ich im Zug gefahren. Die Armee fährt im Zug, und es war überaus unterhaltsam.» Kalt war die ägyptische Winternacht gewesen, die Kälte fast unsere mitteleuropäische. Selbst die Hühner und Schafe in den Waggons schienen zu schlottern. Anstelle des Schnees hatte der Sand für Verwehungen gesorgt. Mit kurzgestielten Besen, tief gebückt, kehrten die Männer der Crew das Gleis, über Hunderte von Metern.

Der Bürgermeister hat mir einen traumhaften Führer ausgesucht, Omar, den Gemeindepräsidenten von Maraqi, einem kleinen Dorf im westlichen Ausläufer der Oase. Nach dem ersten Ausflug zum Orakel-Tempel in den Trümmern auf dem Hügel von Aghurmi schickt er den Fahrer nach Hause. Alles Restliche würden wir besser alleine erledigen. Und er schärft mir fürs Kommende ein: «Wenn Sie weiter wie heute früh Offiziere nach den Beziehungen zwischen den Siwiyin und den Libyern in den benachbarten Oasen um Jaghbub fragen, wird Ihnen schon morgen hier niemand mehr die Orangen- und Dattelpreise anvertrauen. Fragen Sie, wenn schon, Einheimische und nicht die auswärtigen Leute aus der Verwaltung und der Armee. Und fragen Sie im Gegenzug dann, wenn man auch Ihnen gegenüber Neugier zeigt.»

Kassem Gabrs halbwöchentliche Audienz mit den Sheiks ist zu Ende. Sie verlassen das Amtshaus, der Älteste an der Spitze, barfuß, mit einem dicken Bambusstock, der ihm bis über die Schulter reicht. Kassem Gabr, aus Marsa Matruh und vom Provinzgouverneur erst vor drei Jahren als Bürgermeister eingesetzt, versteht mittlerweile recht gut Siwiya, den einheimischen Berberdialekt. Wohl sprechen heute auch die Ältesten mehr als nur Brocken Arabisch, doch es geht ums Ansehen des auswärtigen Bürgermeisters. «Sie leben in einem Paradies!» eröffne ich ihm. «Die stahlblauen Seen in den riesigen Hainen zwischen den felsigen Hügeln...» – «Die Schönheit der Oase ist, was sie vergiftet», würgt er mein Schwärmen im Ansatz ab. «Das Wasser macht die Oase, statt zu einer fruchtbaren Insel, zu einem versalzenen Moor. Darum erntet man hier nichts als Datteln und ein paar Oliven.» Es ist nicht genauer bekannt, wie viele hunderttausend Quadratkilometer das Einzugsgebiet der Wassermassen im Austrittsbecken von Siwa mißt. Die Sohle der 80 Kilometer langen und zwischen neun und 25 Kilometer breiten Oase liegt knapp 20 Meter unter dem Meeresspiegel. Die Salzseen, von denen der eine über 25 Kilometer lang ist, verschlammen die Haine teils bis tief hinter die Ufer hinein. Das Monsterprojekt, die Überflüsse gut 100 Kilometer weit in die noch etwas tiefere, größere und trockene Qattara-Depression im Nordosten abzuführen, ist nicht finanzierbar. Versalzene Ironie des Schicksals: Aufs Absehbare kämpfen die Siwiyin tief in der libyschen Wüste ihren Kampf um urbares Land gegen das Wasser.

Nur die zahlreichen Naturheiler preisen den Schlamm, in welchem sie ihre Bäder gegen Rheuma, Ischias und Gicht verordnen und in der Tradition ihres großen Orakels mit Siwas zweitem Kulturgut: mit viel Magie absegnen. Mit dem zweiten Kulturgut: das erste ist die Musik der Zaggala, der unverheirateten Männer, die sich zur Arbeit in den Feldern und Hainen der Grundeigentümer verpachten. Sie sind gewissermaßen Sklaven auf Frist, mit einer Option auf Wiedererlangung der Freiheit, falls eines Tages ein Stück

Substanz der eigenen Familie für sie frei wird und sie deshalb auch heiraten können. Seit Jahrhunderten waren indessen ihre Herren in den Rivalitäten der führenden Familien so sehr aufs Fußvolk der Zaggala angewiesen, daß diese ein fast einzigartiges Maß an politischer Basismacht gewannen und in jeder Kontroverse zwischen den Clans eine entscheidende Rolle spielten. Auch in der Arbeit stellen sie lange schon die Elite. Denn bei größerem Arbeitsanfall in den Erntezeiten müssen zusätzlich Hundertschaften von Tagelöhnern aus dem Niltal, aus «Ägypten» gedungen werden. In die Zuständigkeit der Zaggala fällt außerdem Siwas Unterhaltungsleben. Zu den nächtlichen Gesangs- und Tanzparties in den Hainen und Gärten, die sie nachts auch bewachen, mischen sich die Männer aus den herrschaftlichen Häusern unter ihre Zaggala, welche den alltäglicheren Teil der Vergnügungen Siwas ganz in eigener Regie nach ihren Traditionen gestalten.

Auf Omars 125er Honda fahren wir durch einen der großen Haine hinaus zu den Zaggala von Omars Onkel. «Das Wasser ist nicht unser einziges Problem, und an manchen Orten ist es gar keines. Was zu viel aus dieser Quellfassung sprudelt, führen wir in den See, dorthin fließt es sowieso. Doch die Stürme! Ein dutzendmal werden diese neu angelegten Felder hier in den kommenden Jahren wieder verwüstet, bevor die Palmen ringsum groß genug sind, sie einigermaßen zu schützen. Wenn's soweit überhaupt kommt.» Als einer von den Burschen hier würde er aller Wahrscheinlichkeit nach auch heute noch arbeiten, meint Omar, wenn er nicht den Weg durch die ägyptische Armee gewählt hätte. Der habe ihn in sein heutiges Amt geführt, denn immer noch seien Männer, die jemals ein kleines Stück Außenwelt gesehen hätten, fast Raritäten. Erst in der Armee habe er auch gutes Arabisch gelernt. Heute sei es oft seine heikle Aufgabe, zwischen den Zaggala und den ägyptischen Soldaten zu schlichten, wenn diese sich wieder nachts in den Hainen mit Datteln vollgefressen hätten. Ein bißchen würden die Krämer im Städtchen und in den Dörfern ja schon auch profitieren von der Kundschaft aus der Armee, ein kleines bißchen, denn für mehr als für Zigaretten reicht der Sold kaum.

Noch zweimal in den zerfurchten Feldwegkurven reißt das Hinterrad plötzlich resolut aus, und wir liegen im Sand. Omar hat sich die Jellaba zerrissen, und – sieh da! – wie er seine 125er wieder aufgerichtet hat, ist aus dem Hinterrad die Luft raus. Wir setzen uns hin und warten. «Mr. Schursch, hier in der Herberge kostet das Doppelzimmer zwei Pfund die Nacht (ca. 4 Mark). Wieviel kostet eine Nacht im Hilton in Kairo?» – «Zwischen 70 und 80 Pfund.» – «Können Sie da ein Zimmer mieten?» – «Selten.» – «Ich könnte es auch, ich meine: einmal für eine Nacht. Doch danach wäre ich zwei, drei Wochen krank.» – «Ja, die ägyptischen Beamtengehälter sind nicht fürstlich.» – «85 Pfund im Monat. In meiner kleinen Olivenpresse verdiene ich noch zweimal soviel und noch einmal soviel mit allen möglichen guten Diensten. – Das geht jetzt aber auf die Kasse des Bürgermeisters», er hält den Maultierkarren an, drückt dem Zaggal ein Pfund in die Hand und weist auf die Honda. Wir betten sie sanft aufs Stroh. Omar setzt sich darauf, und ich zwänge mich neben den Fuhrmann auf die Deichsel.

Vor Sonnenuntergang steigen wir mit Kassem Gabr hinauf auf den Trümmerberg des alten Festungsstädtchens Shali. Das bizarre Labyrinth mutet an wie der Überrest eines Sündenpfuhls aus unvordenklicher Zeit, den Gottes Zorn in einem alttestamentarischen Feuerregen zu einem riesigen schauerlichen Mahnmal umgeschmolzen hat. Die imposan-

ten Anlagen, die aus dem frühen 13. Jahrhundert stammen, waren schon anfangs des letzten Jahrhunderts großteils zerfallen. 1926 tat ein dreitägiger Regen das Übrige; die betonharten Salzschlammziegel verwandelten sich in ihren Rohstoff zurück. Seitdem sind die wiedererstarrten Ruinen ganz verlassen.
Kassem Gabr weist hinunter auf die geteerte Straße. Sie verläßt schnurgerade die neuere Siedlung und verschwindet in einer weiten Biegung hinter einem fernen Hügel. «Das ist das Werk, dessen Vollendung ich in meiner bisherigen Amtszeit erleben durfte. Siwa ist an Ägypten angeschlossen. Jetzt fehlt noch der andere Anschluß an die Gegenwart: TV. Man bekommt nur sporadisch Libyen, manchmal auch Griechenland oder sogar Israel; nur selten und schlecht Masr. Ich tue, was ich kann, doch Jahre verstreichen nur schon für jede erste Abklärung.» – «Dieses – internationale Dasein gefällt Ihnen nicht?» will ich beschwichtigen. «Schlechter Scherz, Sir, leben Sie gern im Gefühl, sich nirgends zu befinden? Wir sind in Ägypten und möchten davon etwas spüren, nicht nur Armee.» – «Sie? Die Leute von Siwa?» – «Ich höre die Einheimischen an, so gut ich das kann. Aber – denken Sie wirklich, die Menschen hier wüßten immer, was für sie gut ist?»
Beim Abstieg über die entgegengesetzte Halde mühen wir uns durch viel Sand und Schutt, statt dem bequemen Pfad zu folgen. Kein Durchgang für uns, erklärt Omar, sonst stünden wir plötzlich unter den Frauen. Keiner nähert sich einem Haus von hinten. Die Frauen verlassen es nur bei zwei, drei festlichen Anlässen jährlich und nur gänzlich vermummt. Sie verrichten keinerlei Arbeit im Freien. Daran hat sich bis heute sehr wenig geändert, und Pioniergeist wird bitter entlöhnt. Die ersten paar Mädchen, die in den vergangenen Jahren in Marsa Matruh höhere Schulen be-

suchten, fanden nach ihrer Rückkehr kaum heiratswillige Männer.
«Ja, Kassem Gabr ist ein tüchtiger Mann, und er versteht seine Leute. Er stammt aus einer alten Beduinenfamilie.»
Wie auf dem Hinweg vereinbart, stehe ich im Office von Harun, dem Polizei-Major von Marsa Matruh, zu einer Partie Schach. Auf Haruns Schreibtisch erhebt sich ein Berg von Tonbandkassetten. «Sie haben recht, das sieht nach Leidenschaft aus. Ich liebte immer Musik, manche Art von Musik. Und wissen Sie, als ich sah, wieviel leere Zeit mir hier bleibt – ich bin ja von Alexandria –, da dachte ich mir, ich müsse mich gegen die Langeweile für etwas von hier interessieren, etwas Lokales hier studieren. Das war dann wieder die Musik aus der Gegend, die Beduinengesänge. Erst verstand ich den lokalen arabischen Dialekt hier nicht recht. Als ich besser zu verstehen begann, tat sich eine Welt vor mir auf.» Er wühlt in den Kassetten. «Hören Sie! Das sind die Beduinen zwischen hier und Sidi Barrani. Erntegesang.» Andere Kassette: «Das ist ein Heiratsantrag. Hat alle Chancen auf Annahme. Das hier», Harun wechselt schon wieder, «das ist ein Viehkaufvertragsabschluß und das da», nochmals eine andere Kassette, «das ist der Abschied zwischen dem Vater und seinem Sohn, der zu einer längeren Reise aufbricht.»
Der Geschäftsverkehr, der Amtsweg führen durch den Gesang, der politische Austausch wird musikalisch intoniert und jede bedeutende Familienangelegenheit gründlich besungen. Die Dramaturgie ist seit Jahrhunderten festgeschrieben, das Inventar der möglichen Stücke verzeichnet, die Rollen sind definiert, die geschäftsmäßigen poetischen Formen gegeben. Das Begehren oder die Bemängelung, der Vorschlag, die Anregung oder das Bedenken werden vorgetragen. Der Adressat präzisiert die Botschaft, setzt seine An-

merkungen, Berichtigungen hinzu und gibt die Interpretation zur weiteren Bearbeitung zurück. Wer als erster nichts mehr dazufügt, hat nichts mehr anzufügen: Er bekundet im einvernehmlichen Fall schweigend den Einschlag, im anderen Fall die Kapitulation und den Austritt aus der Begegnung. Der Dialoggesang, der auch zwischen zwei Gruppen geführt wird, gleicht oft einem harten Tauziehen, doch gebietet die Ehre, ihn nicht kontrovers zu gestalten. Die beiden Parteien widersprechen sich niemals direkt, sie greifen die Vorgabe auf, reichern sie an und überbieten sich wechselseitig in der Virtuosität der Auslegung. Der Dialog kann zum reinen Rivalitätsspiel werden, wo im Duell irgendeine vom Initianten gewählte Geschichte singend erzählt wird, abwechslungsweise, bis es der einen Seite nicht mehr gelingt, sie weiter auszuschmücken und angereichert fortzuspinnen. Diese Partei verliert. Und kein Bräutigam führt seine Braut nach Hause, wenn er mit den Männern seiner Familie gegen die Männer der Familie der Braut verliert.

«Das wäre eine hervorragende Schulung für Diplomaten», sage ich zu Harun und nehme das Schachbrett vom Gestell: «Singen wir jetzt eine Partie?» Harun schmunzelt. «Dann müssen nun aber Sie die weißen Steine führen.» Bald ertönt ein wirrer Chor. Harun hat zweimal telefoniert, und jetzt ist sein Büro arg überfüllt. Als wir nach fünf Stunden, nachts um zwei, wieder allein sind, immer noch spielend, frage ich Harun so beiläufig als möglich: «Und über die nahe Grenze? Singen sie auch von hüben nach drüben und retour? Oder hört man sich nicht durch die Wand? Man sagt, die Grenze sei die undurchlässigste in der arabischen Welt?» Harun pfeift vergnügt eine Passage aus dem Heiratsantrag auf der Kassette. «Ich – weiß es nicht. Es sind die Beduinen, die singen. Wir Auswärtigen von der Shurta, der Polizei, wir verstehen nicht alles, was die Beduinen singen. Die Gesänge

der Beduinen sind nicht für die Fremden. Es hört auch kaum einer überhaupt zu.» – «Lassen sie sich leicht stören, die Beduinen, im tausendjährigen Gesang?» – «Es gibt vielleicht illegalen Grenzverkehr. Aber ich weiß es nicht.» – «Es gibt doch keine dichte Grenze. Die Syrer haben zwar längst die irakische Pipeline gekappt, aber die Kuweitiyin fahren noch immer von Bagdad ohne den Umweg über Amman nach Syrien. Auch über die Grenze zwischen den beiden Yemen und sogar zwischen dem kommunistischen Südyemen und Saudi-Arabien wickelt sich der regste schwarze Güterverkehr ab...» – «Hier sind es die Beduinen, die singen, ich sagte es Ihnen.» Harun schmunzelt wieder vergnügt. «Aber, Mr. Schursch, ich weiß es tatsächlich nicht.» – «Und der General Tawfiq, der hier war, weiß er...?» – «Er ist kein Beduine.»
Der große Compound draußen vor der Stadt, der eigens für die Gesänge – pardon: Gespräche – zwischen Sadat und Gadhafi Anfang der siebziger Jahre gebaut wurde, steht leer, hat keine neue – ähnliche oder ganz andere – Verwendung gefunden.

Al Mahkama - Das Gericht

«Wissen Sie, mein Herr, das Wort ‹helfen› – dieses Wort ist an diesem Ort wirklich vollkommen unangebracht.» Nicht genau das war es, was der Herr Richter, Ahmed Chekkouh, sagte, als ihn Jan 20 Minuten vor der Verhandlung in seinem Büro im Gerichtsgebäude doch noch gefunden hatte. Er sagte: «Vous savez, Monsieur, le mot ‹aider› – en ce lieu-ci c'est un mot vraiment tout à fait déplacé.» Das ist in der Tat etwas anderes. Denn das Französische ist jene Sprache, in der sich zu verlautbaren nur wagen möchte, wer ihrer zumindest ebenso mächtig ist wie der Angesprochene. Ordinär schamlos, größenwahnsinnig ist in jedem andern Fall der Anspruch auf Aufmerksamkeit. Er wird aufs strengste in kultiviertester Verachtung bestraft. Jene profunde Zivilisiertheit, jene Hörigkeit namens Frankophonie ... «Al-hamdullahi wahdihi» steht wie in allen islamischen Ländern über jedem Buch des marokkanischen Gesetzes: «Lob sei Gott dem Einen.» Doch diese Bücher, die bis vor 30 Jahren alle zuerst französisch diktiert und geschrieben wurden, sind auch heute noch in überarbeiteter französischer Ausgabe zu lesen. Dort steht: «Louange à Dieu seul», und auch dazu schrieb Roland Barthes in seiner «Afrikanischen Grammatik»: «Gott. – Sublimierte Form der französischen Regierung.» – «Doch kein weiteres Wort zur Frankophonie!» schimpft Jan, «... tout à fait déplacé.»

«Ich wäre sogar bereit gewesen, Sie zu empfangen», kanzelt ihn Monsieur Chekkouh in seinem Büro ab, «doch für Sie schien es nicht einmal der Mühe wert, zu erscheinen.» Davon wußte Jan nichts. Ganz zufällig kannte ein Freund die Adresse des Richters. Jan hatte beim Portier seine Karte deponiert und dem Herrn bestellen lassen, er würde es tags darauf nochmals versuchen. Aber er könne morgen nicht vor dem Mittagessen wieder vorbeischauen, es sei ein Feiertag, wenn auch ein christlicher, hatte Zoubir, Jans Vermieter, ihm daraufhin eingeschärft. Um zwei Uhr war Monsieur Chekkouh ausgeflogen, und er habe ihm keine Nachricht hinterlassen, versichert ihm Jan im Büro betroffen. Ja, er habe ihn tatsächlich um Hilfe bitten wollen, um Hilfe, um sich ein Bild der Lage machen zu können, um sich nur einigermaßen zu informieren. Ob dieses Bemühen so deplaziert sei? Außerdem hätte er sich nur gerne von ihm, dem Richter, bestätigen lassen, daß es tatsächlich in solchen Fällen die Möglichkeit provisorischer Freilassung gegen Kaution gibt und daß er die Kompetenz dazu habe. Die habe er allerdings, aber er sehe jetzt das Dossier vor der Verhandlung nicht mehr, er wisse nicht, worum es gehe, und es gebe darum nichts, was er für ihn tun könne. «Sie verstehen, mein Herr?» Er verstehe. Er danke ihm. «Il n'y a pas de quoi, Monsieur!» Draußen fährt eben die Sûreté Nationale im Einsatzwagen vor. Elf Frauen und Mädchen teilen sich in das «Dossier». In ein zweites teilen sich acht. Anklage summarisch: Prostitution. Das zweite Dossier für Wiederholungsfälle, das erste für erstmalige Fälle. Als solcher figuriert Malika, namentlich und mit Daumenabdrücken.

Es war halb neun Uhr abends, Malika kaufte am Boulevard Zigaretten. Ein Polizist hielt sie auf. «Ausweis! – Ach, du hast einen?! Sieh einer an, Zarounia, Meknes! Und was tust du hier in Tanger? Häh?! Woher kommst du, wohin gehst du? Wo wohnst du?» Sie komme von der Post, von der städtischen Telefon-Permanence, sie wohne an der Allal Ben Abdallah 14, und dorthin sei sie unterwegs. «Und bei wem wohnst du dort?!» Allein wohne sie, in ihrem Apartment. «In ihrem Apartment wohnt sie, in ihrem Apartment. Mit welchem Geld sie es wohl bezahlt?! Du arbeitest bestimmt nichts, und soviel könntest du gar nie verdienen. Ab aufs Kommissariat, Hure! Um diese Zeit haben wir noch Platz.» Malika zeigt dem Polizisten eine Postanweisung von ihrem Verlobten. Morgen früh würde sie sich das Geld auszahlen lassen, und er könne ja ... sie würde schon... Riesenpech. Sie war in der Hand einer doppelten Niete, eines jener ganz frischuniformierten Jünglinge aus der Hauptstadt. Die hatten erstens nicht den Schimmer, wen man hier aufgreift, und zweitens hatten sie keinen Dunst, wie hier sich so etwas regelt. Er war wohl auch noch auf Bewährung, strampelte noch ums minimale Profil. Die alten Gestandenen, die ihre Welt kannten, die waren ja alle abkommandiert in den tiefsten Süden, schon Monate vor dem ersten Ausflug seiner Majestät nach Al-Ayoun, in die Sahara.

Im Kommissariat war eine Saukälte. Doch man gab Malika das Essen und die Kleider, die ihre Freundin Rubia gebracht hatte, nicht weiter. Der Rapport war noch nicht unterzeichnet. Daß Malika ihn lesen könnte, glaubte sowieso keiner. Nachts um drei waren dann elf Paare von Daumenabdrükken unter dem Polizeibericht, auch Malikas. Das galt soviel wie ein Geständnis, und die Kleider wurden den Mädchen nun in die Zelle gebracht.
Zoubir vermochte trotz seiner Beziehungen und seiner verblüffenden Liquidität nichts mehr auszurichten. Die Rapporte waren bereits unterwegs zum Wakil ad-dawla, zum Staatsanwalt. Drei Tage später wurde auch Malika mit ihren 18 Schicksalsgefährtinnen vor den Wakil ad-dawla gebracht. «Widerruf des Geständnisses», schrieb der in die Akte, «dem Gericht überstellt.» Ab ins städtische Gefängnis draußen vor Tanger, bis zum nächsten Termin in fünf Tagen.

Nur Rubia, Malikas Freundin, war in der Wohnung, als Jan außer Programm eintraf. Sie schickte sofort nach ihrem Freund Said. Der werde ihm alles erzählen. Ein Anwalt? Den könne keiner bezahlen. Und wenn man für solche Fälle überhaupt einen finden könne, dann tue der das wirklich nur für besseres Geld, als was er für anständige Arbeit erhalte. Und das um so mehr, selbstverständlich, wenn sich ein Europäer damit in Zusammenhang brächte. Aber, schüttelt Said den Kopf, Jan denke ja gewiß nicht daran, seinen Namen in die Akten einer solchen Geschichte zu bringen.
Da war er so oder so jetzt schon drin. Jan hatte Malika und ihrem Verlobten für die langen Zeiten seiner Abwesenheit seine kleine Wohnung überlassen. Ihr Verlobter war für ein Jahr in Libyen, zur Arbeit. Er hatte seine Braut natürlich nicht mitnehmen können.
In ihrem Apartment wohne sie, hat Malika zu Protokoll

gegeben, und sie hat die Adresse genannt. Rubia wußte es von Mseud, dem Polizisten. Jan zahlte die Miete. Und Zoubir war jetzt schon in völliger Auflösung ob der Aussicht, im Verlauf der Verhandlungen genannt zu werden. Als staatsbesoldeter Lehrer darf er keine Nebenverdienstquellen haben und deshalb auch keine Apartments untervermieten, wie er es tut. Und ohnedies... Prostitution...
Doch da ist kein Zurück. Zoubir begleitet Jan mit Said auf der Suche nach einem Anwalt. «Das macht nur ein junger, einer ohne Gewicht. Aber wenn wir ihr gar keinen Beistand suchen, kommt sie vielleicht nicht einmal auf Bewährung heraus.» Monsieur Munir Ghallali schenkt Jan Gehör. Er sei bereit zu plädieren. Dann sollte das mit einer kleinen Buße und einem Monat bedingt abgehen. «Wie bitte?! Liegt da überhaupt das Mindeste vor, was die Anschuldigungen im mindesten erhärten könnte? Eine Frau, die abends um acht Zigaretten kaufen geht, erfüllt damit den Tatbestand der Prostitution? Die Anklage ist doch in aller nur wünschbaren Evidenz total absurd!» – «Denken Sie, im Rapport steht 20 Uhr? Und...» Monsieur Ghallali schweigt eine Weile. «Sehen Sie, das marokkanische Gesetz definiert Prostitution als gewohnheitsmäßigen Geschlechtsverkehr zum Ziel des Erwerbs. Das marokkanische Gesetz verbietet keiner Frau, allein auszugehen, in der Öffentlichkeit zu rauchen und zu trinken, ins Kino zu gehen oder auch die ganze Nacht in der Disco zu sitzen. Nun geht aber die marokkanische Rechtsprechung, die dieses Gesetz anwendet, davon aus, daß es eine solche Frau nicht gibt und nicht geben kann. Denn nach demselben Gesetz ist die unverheiratete Frau in Marokko unmündig – unabhängig vom Alter. Sie kann ohne Vormund in eigener Regie keine Wohnung mieten, keine Arbeit suchen, geschweige denn eine Ehe schließen, ausreisen oder sonst irgendwelche Entscheidungen von Bedeu-

tung treffen. Die unverheiratete Frau kann nicht allein in der Legalität leben. Wenn sie Protektion genießt, schützt diese sie nicht mit legalen Mitteln. Man hätte Malika in fünf Minuten für 20 Mark aus dem Kommissariat holen können. Wenn jemand Achtbarer zur Stelle gewesen wäre, ehe die Rapporte abgegangen sind. Ist es zur Anklage gekommen, ist kein Freispruch mehr möglich, denn der würde hier praktisch besagen, daß es zur Anklage nie hätte kommen dürfen. Die Rechtsprechung urteilt in solchen Fällen über keinerlei Tatbestände. Wie wollen Sie Prostitution nachweisen? Geurteilt wird über Lebenslagen.»

Als Malika 15 Jahre war, verließ sie die Schule. Ihre Mutter und die neun Geschwister lebten allein, der Vater arbeitete in Frankreich und war jährlich einen Monat zu Hause. Ihre Mutter schickte Malika zur Arbeit. In der Epicerie eines der Freunde des Vaters verkaufte sie nun Oliven. Der Freund des Vaters schwängerte sie. Als Malika ihren Bauch nicht länger verbergen konnte, setzte sie sich in einen Zug und fuhr hinaus aus Meknes. Sie hätte keine Chance gehabt, bei irgend jemandem Glauben zu finden für ihre Antwort auf die Frage nach dem Vater des Kindes. Der hätte sie schlicht für verrückt erklärt, und ihre unglaubliche Lüge wäre ein schwerer Grund mehr gewesen, sie fast oder ganz umzubringen. Ein Mann, der sie schluchzend im Zug fand, nahm sie mit nach Tanger. Als seine Zofe brachte sie ihre Tochter zur Welt. Der Mann verkaufte das Kind einem Anwalt, der keine eigenen hatte und nicht legal adoptieren wollte. Der Markt ist beachtlich, denn mancher verwischt jede Spur des schmachvollen Umstands, daß unter dem eigenen Dach nichts werden will. Malika vermachte der Mann einem Hotel. Dort putzte sie, sie putzte auch in einem Café und durfte dort zwischendurch servieren. So lernte sie neue Männer kennen. Hie und da ging sie mit einem mit in den Ausgang und erhielt von ihm ein Geschenk. Jemandem fiel auf, daß Malika außergewöhnlich tanzen und auch sehr gut singen konnte. Sie durfte nun manchmal nach vorn auf die Bühne.

Malika war mittlerweile bald 22 Jahre alt und schon das sechste Jahr in Tanger. Vor einem Jahr hatte sie Allal kennengelernt. Er wollte sie heiraten und sie ihn auch. Aber zuerst brauchte er Geld. Malika würde sich ein bis zwei Jahre gedulden müssen. Zu arbeiten bräuchte sie nicht mehr, wenn sie nicht wollte. Allal schickte ihr etwas Geld, und vorläufig könne sie die meiste Zeit in Jans Wohnung bleiben. Der sei nie dort. Wenn er dort sei, könne sie zu Allals Bruder Mustafa.

Im Café von Moukhtar, wo Malika früher arbeitete, streiten sich Said und Mustafa. «Der Ghallali ist eine Flasche», dröhnt Mustafa, «warum seid ihr nicht zu mir gekommen? Ich hätte einen viel besseren Anwalt gewußt.» Den besten will freilich Moukhtar, der Chef, gewußt haben. «Du bringst ihr nie etwas zu essen ins Gefängnis und keine Zigaretten», schreit Said Mustafa an. «Jeden Tag fahre ich mit Rubia hinaus und bringe ihr, was sie braucht. Das täte sonst keiner. Du nennst dich ihr Schwager! Du bleibst soweit wie möglich vom Schuß. Jetzt vor dem Swissri blähst du dich auf.» – «Zigaretten?» hat Jan schon gestern beim Einkaufen gefragt. «Zwei Schachteln jeden Tag?» – «Sie braucht sie, um sich mit den Aufsehern gut zu stellen und mit den andern Mädchen.» Mohammed kommt ins Café. Er war es, der Jan die Adresse des Richters Chekkouh zugesteckt hatte. «Du machst dem Richter ein kleines Geschenk, eine Schweizer Uhr oder so, und alles läuft rund. Anwälte...» – «Erzähl ihm nicht diesen Unsinn! Wenn der Richter einen

Europäer sieht, und wenn er erfährt, daß es ein Sahafi ist, sitzt sie drei oder vier Monate, und er ist morgen auf dem nächsten Schiff», sagt Moukhtar, und Mustafa sagt: «Genau das Gegenteil, der Richter bekommt Angst vor dem Sahafi und läßt sie frei.» – «Ihr kennt ihn ja alle nicht», triumphiert Mohammed, «ich kenne ihn, er hatte ein Verhältnis zur Souhad, der Hure, die jetzt von dem Saudi ihren Laden geschenkt bekommen hat. Von ihr habe ich die Adresse. Wenn du willst, Monsieur Jan, komme ich mit dir.» – «Ich muß zur Bank, bevor sie schließt», und fluchtartig verläßt Jan das Café. Übermorgen hat er mit allen Streit. Entweder weil er auf sie hört oder weil er nicht auf sie hört.

Über der Kommode hängt das Bild von Malika und Allal. Jan hatte die beiden überrascht, denn sonst lacht Malika auf den Fotos nie.
«Monsieur Jan, wenn du einmal in Paris bist, wirst du meinen Vater besuchen?» – «Möchtest du das?» fragt Jan erstaunt zurück, «ich glaube nicht, daß ich gern mit ihm sprechen möchte. Und – was würde ich ihm dann sagen?» – «Das was ist, es macht nichts, er wird mich nicht suchen.» Malika zieht die Hände aus dem Waschtrog und sieht Jan an. «Warum möchtest du nicht mit ihm sprechen?» – «Bist du deinem Vater nicht sehr, sehr böse?» – «Ich liebe meinen Vater.» – «Ist es nicht er, der an deinem Schicksal schuld ist?» Malika blickt zu Boden. «Weißt du», sagt sie nachdenklich, «ich wollte nie schlecht sein, ich wollte immer gut sein. Die gute Tochter liebt ihren Vater.» – «Und – du möchtest ihn auch tatsächlich wiedersehen?» – «Ja. Nicht jetzt, jetzt darf ich nicht. Aber wenn ich verheiratet bin, darf ich, und dann will ich. Wenn ich auch das Gebet wieder sagen darf.»

Das aufgeregte Stimmengewirr bleibt in den zweihundert Mündern stecken. Monsieur Chekkouh tritt durch die Tür in den Gerichtssaal.
Die Sitzung dauert fünf Stunden. Die Gaffer haben Geduld. Nur wenige – Verwandte und eng Zugewandte – verlassen nach ihren Fällen, wie es sich gehört, den Saal. Die elf Mädchen sind zuletzt an der Reihe. Unkenntlich in ihren Jellabas, stehen sie, nach Körpergröße gereiht, vor dem Herrn Richter. «Malika Benhayda, was tatest du nachts allein auf der Straße?» – «Ich ging zur Post, ich wollte telefonieren.» – «Nachts um halb drei?!» – «Es war abends um halb neun.» – «Ach so, du sagst, die Polizei lügt, und du willst die Wahrheit erzählen. Schön, schön. Aber paß auf! Weißt du nicht, wo du bist?!» Malika schluchzt. «Na, siehst du! Schau mich an!» Malika vergräbt ihr Gesicht in den Armen.
Der Herr Richter hat alle der Reihe nach in sein verfluchtes Gebet genommen. Zuletzt wendet er sich an die Größte: «Badi'a Jillali...» Sie fährt ihm ins Wort: «Zwischen vierzig und fünfzig waren wir auf dem Kommissariat, jetzt sind wir noch neunzehn! Wo sind die andern?!» Im Saal empörtes Gemurmel. Zwei Dutzend aus den hinteren Reihen werden hinausgeworfen.
Ghallali tritt auf, der einzige Anwalt neben dem stummen Pflichtverteidiger. Er plädiert auf Freispruch, mangels jeglicher Art von Beweisen. Er legt dem Richter die Bescheinigung der Mietzahlungen aus der Schweiz vor, dann eine Bestätigung, daß Malika verlobt ist und daß ihr und ihrem Verlobten die Wohnung überlassen ist. Ein Gefängnisaufenthalt sei das beste Mittel, ihre Zukunft zu ruinieren. Der Schreiber gähnt ausgiebig, die Hand einen halben Meter vor dem weit aufgesperrten Maul. Dreimal wird Ghallali herrisch ermahnt, sich kürzer zu fassen. «Die Verteidigung for-

dert sofortige Urteilsverkündung oder provisorische Freilassung gegen Kaution.» – «Urteilsverkündung in acht Tagen, das Gericht schließt die Verhandlung und tritt auseinander.»

Das Urteil trifft schriftlich im Gefängnis ein: Buße 250 Dirham (90 Mark) und ein Monat Gefängnis auf Bewährung. Die Staatsanwaltschaft hat Gefängnis ohne Bewährung gefordert und Berufung eingelegt. Auch die Verteidigung, Mounir Ghallali, hat appelliert. Nach sechzehn Tagen darf Malika wieder dahin, woher sie gekommen ist, als sie am Boulevard Zigaretten kaufen wollte. Es interessiert niemanden, ob sie ihre Situation legalisieren kann. Selber wird sie es kaum versuchen. Sonst landet sie wieder im Kommissariat und ...

Ein Jahr später weiß Malika noch nicht, ob und wann ihr Fall vor der zweiten Instanz spruchreif sein wird.

Fi Sinima - Im Kino

«Hörst du?! Das da jetzt – das ist die Angst!»

Im Strandcafé von Merkala – es ist Nacht – läuft Pink Floyd, «A Saucerfull of Secrets».

«Die Angst, weißt du, ganz so wie heute nachmittag im Kino. Dort, weißt du, im Nebel der Felder, gleich bevor sie angefangen haben, zu schießen.»

«Und das jetzt, Malika, diese Trommel, ganz hinten, ist das das Warten?»

«Ja, genau, das Warten.»

«Wie gestern im Kino, im Hafen, vor der Ankunft des großen Schiffs?»

«Nein! Viel weniger Geduld!»

Als in einem Kino in Khartum «Goldfinger» zu sehen war, war er in seiner ganzen Länge zu sehen. Erst die zweite der vier Spulen, dann das Ende, dann der Anfang, zum Schluß das dritte Viertel. Die Wahrscheinlichkeit, daß die Reihenfolge morgen die gleiche war, beträgt 1:24 oder 0,041666... Man hat dessen ungeachtet den ganzen Goldfinger wieder gesehen. Das sudanesische Fernsehen zeigt auch hin und wieder den Empfang einer Delegation am Airport in einem Filmbericht, in dem die Bilder rückwärts aus der Röhre kommen, die Gäste rückwärts über den Teppich in Richtung Maschine und rückwärts hinauf über die Treppe schreiten. Die Tür schließt sich, und rückwärts rollt das Flugzeug davon. Die Bewegung, wie das Geschehen im ganzen, bleibt dieselbe. Sie gibt rückwärts nicht weniger zu erkennen als vorwärts, auch die Leibhaftigkeit der Akteure läßt nicht nach. Der Airport war schon öfters zu sehen, und so sind sie es und ihre Staffage, was interessiert. Wie sind sie gekleidet und geputzt, wie bewegen, begegnen sie sich, wie gehen sie miteinander um? Ahmed, der marokkanische Held von Driss Ben Hamed Charhadis «Leben voller Fallgruben», kommt aus dem Kino und sagt, er habe den Pferden zugeschaut. Vorgestern den Autos. In den Western mit John Wayne geht Malika sich den Wilden Westen und seine Gepflogenheiten anschauen, im Monumentalschmöker über den Boxeraufstand sieht sie China, und Kurosawa zeigt ihr Japan. Währenddem zeigt sich die Leinwand in Tanger, hinter dem schweren roten Vorhang, dem Besucher nie.
Borges erzählt – «Averroes auf der Suche»:
Abulcásim sagte: «Eines Abends führten mich die muselmanischen Kaufleute von Sin Kalán zu einem Haus aus bemaltem Holz, in dem viele Menschen lebten. Wie dieses Haus beschaffen war, läßt sich nicht schildern, denn eigentlich bestand es nur aus einem einzigen Gemach, mit Reihen offener

Kammern oder Balkonen, einer über dem anderen. In diesen Vertiefungen saßen Leute, die aßen und tranken, und ebenso auf dem Boden und ebenso auf der Terrasse. Die Personen auf dieser Terrasse schlugen die Trommel und die Laute, ausgenommen etwa fünfzehn oder zwanzig Figuren (mit scharlachfarbenen Masken), die beteten, sangen und Zwiegespräche führten. Sie litten Gefangenschaft, aber ein Kerker war nicht zu sehen; sie ritten, aber ein Pferd war nicht zu sehen; sie fochten, aber die Degen waren aus Rohr; sie starben und standen danach wieder auf.» – «Das Treiben der Narren», sagte Farach, «übertrifft die Voraussicht der Vernünftigen.» – «Es waren keine Narren», mußte Abulcásim erklären. «Sie stellten etwas dar, sagte mir ein Kaufmann, eine Geschichte.» Niemand verstand, niemand schien verstehen zu wollen.

Diese Vergangenheit mag an Stanislaw Lems visionäre Zukünfte erinnern. Man geht dort in den «Real». Im «Real» betritt man selbst – beim erstenmal, ohne dessen gewahr zu werden – Abulcásims Terrasse, schlägt eventuell die Trommel, reitet, ficht mit dem Degen, ersticht den Feind, ehe man wenig später in einer Stromschnelle kentert und ertrinkt. Ist man solchermaßen selbst gestorben, aber wieder aufgestanden, dann hat der «Real» seine dramaturgischen Axiome auch dem offenbart, der ihn zum erstenmal betreten hat. Auf einer dicken Schaumgummimatte gelandet, greift er nach seiner Brille, und erst eine Weile danach, draußen auf der Straße, beginnen ihn die nassen Hosen vielleicht doch ein bißchen zu ärgern.

Im kinematographischen Setting erlangt, verglichen mit Abulcásims Haus oder dem «Real», das Beirrende nicht derart metaphysische Dimensionen. Anders als in Abulcásims Haus sind, wo im Film geritten wird, Pferde zu sehen; auch ein Kerker kann durchaus zu sehen sein; woraus die Degen sind, ist nicht zu sehen, so daß es fraglos Degen sind, die man sieht. Tote stehen erst nach dem Ende des Films wieder auf. Anders als im zukünftigen «Real» betritt man im Kino die Terrasse nicht. Bloß Auge und Ohr folgen, während man selbst sicher im Haus bleibt, den Wogen des Lebens draußen, jenseits des großen hellen Fensters hinaus zur Welt. Einem Ansinnen, sich jenseits des Fensters bemerkbar zu machen, bleiben die Erfolgsaussichten im allergünstigsten Fall äußerst ungewiß. Versucht der Zuschauer – wie im Kino Bilqis in San'a – sich mit der Kalaschnikof ins Geschehen draußen einzuschalten, dann stürzen nicht nur die Getroffenen nicht. Die Querschläger machen überdies deutlich, daß das Fenster zur Welt nicht einmal Kugeln durchläßt, geschweige denn einen der hilfsbereiten Schützen. Ob es wirklich nur Licht und den Blick durchläßt oder nicht möglichenfalls doch auch den Schall in beide Richtungen, das ist nicht endgültig erwiesen. So feuert man durchs Fenster weiterhin den Guten an und schreit ihm zu, wohin der Böse entwischt ist. Die Rufe vernimmt man auch in Kairo noch täglich, und auch der Applaus gilt nicht den Operateuren.

Im Unterschied zum importierten westlichen Actionfilm gebietet der arabische – fast immer ägyptische – Spielfilm Ruhe diesseits des Fensters. Dieses zieht sich hier nämlich zum Schlüsselloch zusammen. Durch das Schlüsselloch fällt der Blick auf das Familiendrama in der Küche, der Stube und im Schlafzimmer. Entsprechend verschämt ist der Blick, und die Zurückhaltung des Zeugen im Kino ist diesmal von der Art der Abstinenz des Spanners. Hätte der Nachbar für einmal vergessen, den Vorhang zu ziehen, desto weniger vergäße man den eigenen zu ziehen, um unter ihm hervor von der Gelegenheit zu profitieren. In jedem Fall nämlich spielt das Drama des Films in Nachbarschaften, wo Fenster Vorhänge besitzen.

Das Fenster hält nicht her als luzide Metapher für ein Brett vor dem Kopf, welches das arabische Auffassungsvermögen mit einem infantilen Naturalismus geschlagen hätte. Weit ab von aller Naivität, bewahrt sich das arabische Auge seine unverbrüchliche Gewißheit, daß sich das Leben nicht aus Romanen zusammenfügt. Die Handlungen und ihre Ordnungen bleiben dem Araber eine ornamentale Zugabe zu dem, was ihm die Schauplätze und die Akteure unmittelbar zu verstehen geben. Sie lassen ihn ihr Leben nicht in einer zweistündigen Handlung erkennen. Die ist so belanglos, wie es zwei Stunden sind. Doch die Jahrhunderte, von denen schon draußen die Plakate Zeugnis ablegen, die geben sich ihm zu erkennen, wenn er zwei Stunden lang immer wechselnde Bilder sich ansehen kann.
Und das Familiendrama im einheimischen Spielfilm? Wäre es nicht exemplarisch für die simple Dramaturgie eines geschlossenen Handlungsganzen? Vom Spanier Lope de Vega heißt es, er habe im Verlauf seiner Karriere 1500 Stücke geschrieben. Das weist ganz darauf hin, in den nicht so genau gezählten Handlungen sei sein Thema ein und dasselbe geblieben: sein Land, seine Leute, ringsum die Welt und darüber Gott. Auch für die Familie am Nil ist es die Variationsbreite ihrer tausendundeinen Dramen, die ihr – wie die wiederholungsreiche Abfolge der motion pictures – ihre eigene Welt zu erkennen gibt. Ihre Welt: In Kairo ist es die bürgerliche Welt des gehobenen Mittelstands. In der heiklen, weil verantwortungsvollen Rolle des guten Beispiels hat dieses städtische Bürgertum den kleinen Kinogänger zu führen, erst hinauf in die schwindelerregenden Höhen weltlicher Anmaßung und ans obere Ende der Rutschbahnen aller Versuchungen, dann sausend hinab in die Tiefen der Stürze, zum Schluß durch mustergültige Schmerzen wieder empor in die bürgerliche Sittlichkeit Kairos und ins Glück. Im Film

hält Kairos gehobener Mittelstand diese anspruchsvolle Rolle in vielen Spielarten durch, denn im Film lernt er aus Fehlern vorbildlich und bleibt im Kern gesund.

Der eingeführte Film, zur Ergänzung dieses Programms, führt den kleinen Kinogänger hinaus in die Welt, in fremde Räume und fremde Zeiten. Seit Marco Polo und Ibn Battuta sind zahlreiche Fußstapfen dazugekommen, die ihn durch die weite Terra incognita vorwärts locken. Sein Auge ist offen. Und seine Erwartungen sind von ungleich größerer Plastizität und Toleranz als die in unseren Kinos für gewöhnlich. Ob es sich um außerordentliche Dinge dreht oder um alltäglichere. Seinen eigenen Alltag hat der Araber wohl darum so straff reglementiert, weil er sich da schon auf dieses und jenes gefaßt hält und nicht leicht zu verblüffen ist. Wenn das Auge des Durstigen unversehens auf einen märchenhaft sprudelnden Brunnen fällt, erstaunt ihn das nicht mehr, als daß vor dem dürstenden Fleisch plötzlich eine wunderschöne Dämonin aus der Erde steigt, sich ebenso plötzlich in einen feuerspeienden Drachen verwandelt, um sodann als ein Häufchen Asche zu Füßen des Gemarterten liegenzubleiben. Der ist kein individueller Schöpfer dieser seiner Imaginationen. Sie sind vertraute Gestalten seiner Welt. Fremden Welten billigt er freimütig fremdartige Pendants zu. Die arabische Einbildungskraft hat ihre Erzeugnisse immer bereits leibhaftig außer sich. Die so reale imaginäre Welt von Tausendundeiner Nacht illustriert das tausendfach Seite um Seite. Die wundervollen Nächte sind Geschichten, deren Verhältnis zu den arabischen Realitäten nicht viel zu tun hat mit der Realitätsferne dessen, was für uns ein Märchen ausmacht. Zwischen Geschichte und Märchen setzt der Araber keinen Gattungsunterschied, sie liegen in dem Kontinuum von Nähe und Ferne.

In der Fremde wie in der Nähe aber ist die Welt draußen vor

dem Fenster – oder auch drüben beim Nachbarn – voller Stimmungen: voller Entspannungen und Spannungen, Verzückungen und Schrecken, voller Dunkelheiten und Hellen, voller Wärmen und Kälten. Angst und Warten. Wie die Musik, nachts im Strandcafé von Merkala, die Musik der Kalaschnikofs jenseits des Fensters im Film und wie die Musik auch sonst und überhaupt immer und überall.
Und jetzt singen im Strandcafé von Merkala nach Umm Kulthum und Abdelwahab wieder die Beatles:
«Let's all get up and dance to a song that was a hit before your mother was born... Sing it again! Lift up your hearts and...»
«Das ist das schöne Wetter von morgen!»
«Ja, Mustafa, da gehen wir nicht ins Kino.»

Fi Bahr Lut - Im Toten Meer

Dem Wasser sehen Sie nichts an, nicht das Geringste. Es riecht auch nicht. Daß Sie den Kopf nicht untertauchen sollen, hat man Ihnen eingeschärft. Sie hängen auch bestimmt nicht die Zunge ins Naß. Der scharfkantige Schotter, über den Sie vorsichtig ins Wasser waten, erhöht Ihre Spannung. Solange Sie stehen, fällt Ihnen nichts auf. Das Wasser reicht Ihnen schon deutlich über den Nabel. Jetzt wollen Sie sich sachte bis zum Hals ins Wasser setzen. Doch da heben sich schon Ihre Füße, Sie kippen nach hinten und... Aber Sie wollten doch bis zum Hals ins Wasser! Jetzt sehen Sie Ihre Knie aus dem Wasser tauchen, das Ihnen erst knapp über die Brustwarzen reicht. Greifen Sie jetzt unversehens mit der einen Hand nach der unsichtbaren Leine, die Sie nach oben zieht, dann geraten Sie in ein leises Schaukeln, nur einen Augenblick. Unterdessen hat sich Ihr Leib auf die innerliche Suche nach unbekannten neuen Luftkammern gemacht. Ohne Ergebnis, und Sie fühlen sich auch in keinem Winkel gepumpt.

Während der Hinfahrt, als Sie nun wußten, daß es ernst würde, da haben Sie sich tatsächlich die Zeit genommen. Sie haben Ihre ganze Einbildungskraft in Schwung gebracht, um die nötige Portion Schwerkraft zu verscheuchen, und sich in die so oft geschilderte Lage versetzt. Dreimal oder viermal haben Sie es getan. Dieses Mal dauert es etwas länger. Sie sind ja jetzt auch woanders, wo... Aber nein, eigentlich nicht, alles um Sie ist Ihnen vertraut. Die Physik, bloß die Physik hat sich woandershin verzogen. Ihre Rückkehr läßt vorerst auf sich warten.

Ob das nun Zufall ist oder auch Gründe hat, es fällt Ihnen dazu weiter nichts ein. Sie verhalten sich geschäftsmäßig. Rücklings paddelnd, haben Sie sich bereits ein Stück vom Ufer entfernt. Kein Laut, kein Windhauch, schön warm das Wasser, die Sonne nicht zu gewalttätig, jetzt, im März. Eine wohlige Müdigkeit ist Ihnen in alle Glieder geströmt. Sie kratzen sich am Knie, das schon wieder trocken ist. Dann schließen Sie die Augen.

Ein schwerer Donner rollt auf Sie zu und schlägt Ihnen die Lider weit auf. Eine gewaltige Rauchwolke reckt sich vor Ihnen bis zum Himmel empor. Ein Dämon steigt aus dem Wasser, eine marmorne Truhe auf dem Haupt, an der sich ein Schloß befindet. Der Dämon setzt die Truhe vor sich aufs Wasser nieder, und nachdem er sie geöffnet hat, versinkt er. Aus der Truhe steigt eine Maid hervor, so schön wie der strahlende Sonnenball im blauen Weltenall; sie gehört aber zum Geschlechte der Menschen und steht vor Ihnen auf dem Wasser.

«Wer bist du?» fragen Sie verdutzt.
«Ich heiße Bint at-Tamima, die Tochter von At-Tadschach, dem König des grauen Landes. Ich ging eines Tages hinaus, um einem Rufe der Natur zu folgen; da packte mich ein Dämon aus der Geisterwelt, legte mich in eine Truhe und flog mit mir zwischen Himmel und Erde dahin. Hunger und Durst wollten mich töten; doch seit ich dich gesehen habe, verlangt mich wieder nach dem Leben. – –»
Da bemerkte Schehrezad, daß der Morgen begann, und hielt in der verstatteten Rede an. Doch als die sechshundertunddreiundneunzigste Nacht anbrach, fuhr Bint at-Tamima, zu Ihnen gewandt, fort:
«Du mußt reisen, es steht geschrieben, nochmals mußt du reisen. Wenn du aber zurück bist, werde ich hier sein.»
Und sie versinkt. Ihre Truhe aber hat sich in einen großen goldenen Fisch verwandelt, der vor Ihnen wartet. Sie setzen sich auf seinen Rücken und halten sich fest. Der Fisch hebt sich als feuerroter Vogel aus dem Wasser und trägt Sie mit seinen Riesenschwingen hinan, der Sonne entgegen. Ihre glühende Hitze raubt Ihnen die Besinnung.
Adam, der Kameltreiber, hilft Ihnen aus der marmornen Truhe. Sie stehen am Rand eines der Palmenhaine in der Oase Siwa. Zu Ihrer Rechten erhebt sich der Felshügel von Aghurmi, zu Ihrer Linken sehen Sie über dem gleißenden Salzsee in der Ferne die Silhouette der Ruinen von Schali.
«Komm!» sagt Adam, und Sie folgen ihm in die Dunkelheit des Hains.
Adam bleibt vor einem Grabhügel stehen.
«Hier liegen die Gebeine von Ali Bali. Seine Seele aber ist auf Wanderschaft. Seit der gerechte Zorn von Schalis Bürgern das geschliffene Schwert mit sicherer Hand geführt und jener Seele irdenes Gefäß zertrümmert hat, sucht sie in Arabiens Landen kranke Herzen heim und zieht sie und mit

ihnen viele gesunde ins Verderben. Kennst du die alte, neue, ewige Geschichte von Ali Bali?»

Ein Reisender aus England mit Gefolge schlug einst seine Zelte auf in der Oase Siwa. Die Bevölkerung Siwas war zu der Zeit drauf und dran, ihren grausamen Tyrannen Ali Bali in ernsthafte Bedrängnis zu bringen. Die Fremdlinge kamen zur rechten Zeit, und Ali Bali roch sofort die Gelegenheit. Er lud Mr. Hamilton zu Gast in seinen Palast und hieß zur selben Zeit seine Zaggala die fremden Zelte überfallen. Zum Schutz des erlesenen Besuchs und des britischen Lagers, das durch Ali Balis aufrührerische Untertanen so arg bedroht sei, erbat er sich vom Khediven Abbas I aus Kairo Truppen. Sieh da, die kamen, sanierten seinen morschen Stuhl, und Ali Bali herrschte weiter. Fa'inna as-sabru miftah al-faraj! Doch wahrlich, die Geduld ist der Schlüssel zur Erlösung. Und die Geknechteten verfehlten nicht die Zeit der Rache.

«Von Zeit zu Zeit», sagt Adam, «ist Ali Balis Seele hier. Wenn sie vertrieben wurde aus einem jener schwarzen Häuser, in denen sie seit damals je und je ein Unterkommen sucht. Man riecht sie dann, und keiner wird den Hain betreten. Das letzte Mal war sie vor fünfzehn Monden hier. Das war ganz kurz nachdem...»

Die Hupe eines Toyotas erfüllt die ganze Ecke des Hains. Sie halten sich die Ohren zu und stolpern dem ungeduldigen Rufer entgegen. Das Licht der Sonne von Siwa blendet zu sehr, Sie halten sich die Hände vor die schmerzenden Augen, wie Sie aus dem Hain treten. Ist das nicht Kassem Gabr, der Bürgermeister, der vor Ihnen steht?

«Sie habe ich hier vermutet», sagt er. «Ich dachte es mir ja, ich käme zu spät, Sie zu hindern. Doch Adam bringt Sie jetzt nach Kairo zurück. Schicken Sie lieber Herrn Rajiv Svitashi aus Bangladesh hierher. Der schaut wenigstens nicht immer nur, fragt nicht immer nur. Und wenn auch Sie sich eines Tages für etwas anderes interessieren als immer nur für die größten Probleme, dann kommen Sie wieder, dann sind Sie herzlich willkommen. Aber bitte, fahren Sie nicht noch einmal im Zug bis nach Mersa Matruh!»

Nein, das nicht, denn jetzt stehen Sie zum fünftenmal in der Schlange vor dem Reservationboard des Egypt-Air-Office im Kairo Nile Hilton. Nicht daß Sie im Hilton abgestiegen wären, Sie kommen hierher, weil Sie wissen, daß dieses Office das beste ist. «Sorry Sir, der Computer hat keine Verbindung.» Sie haben die letzten drei Male schon gefragt, ob Sie ohne Computer in gar keinem Falle buchen könnten. «Sorry, Sir.» Sie wollen zum fünftenmal hinausgehen. Doch jemand ganz hinten in der Reihe ruft Ihnen zu: «Was ist diesmal wieder mit dem Computer?»

«Diesmal?! Meine Damen und Herren!» legen Sie lauthals, an alle gerichtet, los. «Meine Damen und Herren! Am besten gehen Sie alle sofort nach Hause und verzichten dort auf die Reise. Niemand von Ihnen erhält hier jemals eine Buchung. Ich bin das fünfte Mal hier und habe keine erhalten. Ich glaube nicht mehr daran, daß ich das achte Mal eine erhalte...»

«Excuse me, Sir», fällt Ihnen einer der livrierten Agenten ins Wort. «Wollen Sie mir einen Augenblick folgen?!» Über den Flur gelangen Sie, zwei Türen weiter, ins Büro des Chefs. «Your tickets, please!» Mißtrauisch rücken Sie sie heraus. Ein Vergehen kann man Ihnen nicht zur Last legen, aber dennoch... Hier wissen Sie schließlich nie so recht... Doch Ihre Reservationen sind schon eingetragen. Der Chef gibt Ihnen die Tickets zurück: «Gehen Sie jetzt bitte hier hinten hinaus, danke.» Sie gehen hinüber zur Kasr el Nil, ins Hotel Rose, mit Abrahim einen Kaffee zu trinken, ehe Sie abfliegen. «Es ist kein Zucker mehr da, darum haben wir

keinen Kaffee gemacht», entschuldigt sich Abrahim, und Hamdi fügt lachend hinzu: «Ich hole dir drunten eine Cola, dort ist all unser Zucker drin.»
«Und Zucker, nur Zucker, findest du drunten nicht?»
Gamal fährt dazwischen:
«Ich dachte, du wüßtest mehr von unseren drei Präsidenten. Nasser bescherte uns die Rationierung des Zuckers, Sadat das Coca-Cola, Mubarak hat uns das Erbe von beiden versprochen.»

Das Flugzeug zieht einen großen Bogen über den Säulen des Herkules. Sie denken an den großen Tariq, der sich von hier aus für ein paar Jahrhunderte ins alte Europa begab und ihm in Córdoba eines seiner blühendsten Kulturzentren geschenkt hatte. Und Sie denken an die Sätze seiner Nachfahren: «O europäischer Mann, du Herrscher über die Dampfmaschine...»
Sie landen außerhalb des Tors der Alten Welt, auf dem Flughafen seiner dreitausendjährigen Wächterin: Tanger. Unten am Strand setzen Sie sich ins Café Polo, zu Mustafa und Malika. Wie es den beiden geht? «Lob sei Gott!»
«Und was hat sich getan bei euch?»
«Du weißt doch», ruft Said vom Nebentisch, «die Dschinni und die meisten anderen Gespenster sind allergisch auf Metall. Man begrub früher Messer in der Erde, um die Unterwelt zu blockieren. Seit sich die städtische Unterwelt unter den Blechlawinen der Autos ganz geleert hat, ist die Aufregung vorbei. Es tut sich nichts mehr. Alles bleibt beim alten.»
Said steht auf und kommt zu Ihnen herüber. Er will Dirhamstücke für den Packman, das Videospiel im Café. Sie haben drei in der Tasche und geben sie ihm. Eines gibt er Ihnen zurück:

«Der Packman schluckt die alten Münzen nicht. Schau, der König trägt da noch keine Krawatte. Auf den neuen...»
«Ja, ja, ich weiß schon, auf den neuen trägt er eine. Aber es war doch immer umgekehrt. Die Münzautomaten wollten die Krawatte nicht.»
«Nur die alten, die mechanischen Flipperkästen. Die neuen, die elektronischen, akzeptieren den König ohne Krawatte nicht, nur den mit.»
«Und du sagst, bei euch täte sich nichts!»
Sie stehen auf. Sie wollten ja noch zum Suq. Malika zupft Sie am Ärmel:
«Setz dich, ich will dir etwas sagen.» Sie setzen sich wieder hin und schauen Malika fragend an. «Gib mir das Geld. Die Jacke, die du kaufen willst, gibt man mir um ein Viertel billiger. Du kannst mir dafür etwas Kleines schenken.»
Gleich geben Sie ihr die 40 Mark, doch – Sie fragen sich warum – nicht ganz ohne Zögern.
«Sei ganz ruhig», sagt Malika, «ich mache keine krummen Dinge. Ich bin ein Mädchen, das die Wahrheit sagt.»
«Ich weiß», versichern Sie, «ich weiß, ich hab's in deinen Augen gesehen.»
«Ach ja, wirklich?!» Malika stutzt. Sie mustert Sie etwas unschlüssig. «Kann sein, ist möglich... Und – was hast du gesehen? – Ich... Bin ich gut?»
Sie entschließen sich rascher als eben: «Ja!»
Malika lächelt, und sie sagt leise: «Richtig gesehen.»
Oben in der Krone der Medina recken sich noch gleißend die Minarette, während durch die steilen Gassen und über die verschachtelten Häuserfluchten die Schatten höher kriechen, deren dunkle Spitzen sich auch schon im Hafen drüben, am Nordfuß des Hügels, ganz langsam ins Meer hinaustreiben. Sie rücken Ihren Stuhl aus der Nische und versöhnen sich mit der Sonne, auch heute erst jetzt, zum Abschied.

Entspannt, die Glut ihres unbarmherzigen Tages in die Haut einer großen reifen Mangofrucht gehüllt, macht sie sich jenseits der Stadt auf den Abstieg zum nächtlichen Bad im Bahr At-Tulumat, im Atlantik. Hier haben Sie nicht den geringsten Zweifel, daß sie morgen wiederkommt. So sehr wird sie wieder dasein, daß Sie sich über die Zeit ihrer Nachtruhe um so begieriger hermachen und fast keinen Teil davon ungelebt lassen wollen. Doch erst nimmt jetzt sie, die Schläfrige, sich noch ein bißchen Zeit, gibt auch Ihnen etwas davon und küßt Sie in einen geräumigen Schlummer. Ihr Kopf fällt an Mustafas Schulter und bleibt dort liegen. Sie hängen den Arm aus dem Boot und lassen die Hand im lauen Nilwasser träumen. Auch im Nachen steht das Wasser knöcheltief und gluckst um Ihre Sandalen. Abrahim läßt wieder die Riemen eintauchen, und sein großer Bauch legt sich hinein. Aus dem Kofferradio singt Um Kulthum: «Du denkst an mich, vergißt mich nicht...»

«Wie lange sind wir schon hier?» fragen Sie Abrahim. Er schaut Sie lang an. «Die Zeit – –» sagt Abrahim, «bei euch macht die Zeit ticktack ticktack ticktack; bei uns macht sie mmmmmmmmmmmmm...»

Ihr Augenlid juckt, und schon haben Sie hingegriffen. Scheißtotes Meer! Sie stöhnen. Man hatte es Ihnen wirklich gesagt, und Sie haben es sich vorstellen können. Das Wasser bräuchte nicht auch noch tatsächlich so unsäglich im Auge zu brennen. Sie sehen das Ufer durch einen nebligen Schleier, der etwas vom Rauch des Dämonen übriggelassen hat. Von Bint at-Tamima sehen Sie im Augenblick nichts. Am Ufer steht nur, wie immer, Frau Lot, die Salzsäule, die toten Augen auf Sodom und Gomorrha gerichtet, die verfluchten Städte, über denen Sie auf dem Wasser sitzen. Doch Sie müssen hinab vom Wasser und hinaus, und süßer als alle Töchter vom grauen Land dünkt Sie jetzt das Wasser aus der Dusche drüben. Sie zweifeln nicht, daß Sie aufgewacht sind, Sie wenden sich auf die Brust und wollen schon kräftig ziehen und rudern wild und unbändig und fassungslos und etwas bestürzt mit den Beinen in der Luft.

José Saramago
Das Memorial
Roman
Deutsch von Andreas Klotsch
464 Seiten. Gebunden

An der Spitze des mächtigen Kolonialreiches Portugal steht der pompös lebende König João V. Er verspricht 1711 die Erbauung eines Klosters in Mafra. Arbeiter werden aus dem ganzen Land herbeigepreßt, unter ihnen der einhändige Soldat Baltasar, der mit der Seherin Blimunda zusammenlebt. Sie träumen davon, dem Elend zu entfliehen. Gemeinsam mit dem ketzerischen Pater Lourenço bauen sie einen phantastischen Flugapparat. Auf der Flucht vor der Inquisition landen sie auf einem Berg nicht weit von Mafra. Der Pater entkommt nach Spanien. Baltasar aber, zurückgekehrt zum Klosterbau, bleibt der Magie des wundersamen Luftschiffes verfallen. Eines Tages trägt es ihn davon. Zurück bleibt Blimunda. Während das Kloster in grandiosem Festrausch geweiht wird, beginnt sie die jahrelange Suche nach ihrem geliebten Mann, bis sie wieder einmal vor einem brennenden Scheiterhaufen steht...
Überschwang und Bilderreichtum des magisch-historischen Romans finden ihr Widerspiel in der kühlen Ironie des Autors: Ein Lob Gottes, geschrieben von einem Atheisten, zur Musik von Scarlatti. Das Buch zeigt Europa an der Schwelle zur Aufklärung – geschrieben von einem, der weiß, was aus ihr wurde.

«Der epische Atem des Verfassers fordert die Muße des Lesers – er sollte sie sich getrost nehmen, denn der Roman birgt eine großartige Parabel: Er spricht sich aus für die Kraft der Liebe, die Stärke der Hoffnung». *Südwest Presse*

Paul Bowles

Himmel über der Wüste

Roman
rororo Band 5789

«Gnadenlos dörrt die Saharasonne Gaumen und Hirn eines amerikanischen Ehepaares aus, das sich im Lebensüberdruß aus der Leere eines von keinerlei Pflichten erfüllten und von Arbeit unbehelligten Daseins in die Wüste flüchtet, um sich selbst wiederzufinden. Beide suchen einen Lebenssinn, im letzten die Liebe, die ‹größer ist als alle Vernunft›. Aber sie finden nur Abenteuer, Hetzjagd, Öde und Tod. Paul Bowles, Existentialist aus der Schule Sartres, schrieb dies Buch mit der verzehrenden Leidenschaft des Seelenanalytikers, der hinter den Spiegel schaut, so glänzend geschildert, daß einem die Lektüre den Atem raubt.» *Westdeutsche Allgemeine*

Isabelle Eberhardt

Sandmeere 1

Tagwerk. Im heißen Schatten des Islam
rororo neue frau 5231

Sandmeere 2

Notizen von unterwegs. Vergessenssucher. Islamische Blätter
rororo neue frau 5232

Diese Erzählungen sind äußerst verdichtete Stimmungsbilder aus der islamischen Welt, die mit einem Minimum an Handlung auskommen; erfüllt von glühender Farbigkeit und Sinnlichkeit.